싫은 일은 죽어도 하지 마라

IYA NA KOTO WA SHINDEMO YARUNA

ⓒ Akinori Kanagawa 2020

First published in Japan in 2020 by KADOKAWA CORPORATION, Tokyo. Korean
translation rights arranged with KADOKAWA CORPORATION, Tokyo through Danny
Hong Agency.

싫은 일은
죽어도 하지 마라

좋아하는 일을 하면서 돈 걱정 없이 사는 법 50

가나가와 아키노리 지음 | 정문주 옮김

중앙books

하기 싫은 일을 안 해도
인생은 잘만 굴러간다

'가슴 뛰는 일을 하자!'
'하고 싶은 일만 하면 된다.'
'좋아하는 일을 직업으로 삼자.'
'해야 하는 일보다 하고 싶은 일을 하자.'

좋아하는 일을 하면서 돈도 벌고 즐겁게 사는 인생. 누
군가는 이것이 비현실적인 일이라고 생각할 것이다. 혹은
세상을 모르는 사회 초년생 때나 품는 이상쯤으로 치부할
수도 있겠다.

나 역시 그랬다. 대학 졸업 후 세계 최고의 회계법인인 딜로이트 투쉬 토마츠(Deloitte Touche Tohmatsu Limited)에 입사한 나는 외국계 기업 특유의 문화로 인해 눈코 뜰 새 없이 바빴다. 단 한 시간이라도 나만을 위한 시간은커녕 평일에는 야근하고 주말에도 근무하는 일벌레로 살아야 했다. 그러다 보니 당시 서점에서 잘 팔리던 베스트셀러《좋아하는 일만 해라》,《가슴 뛰는 일을 직업으로 삼아라》같은 책 제목을 볼 때마다 속으로 '쳇, 팔자 좋은 소리하네. 누가 그걸 몰라서 못해?'라고 비아냥대곤 했다.

그러던 어느 날, 나는 회사 일로 우연히 한 창업 세미나에 참석하게 되었다. 당시에 강사는 나에게 '하기 싫은 일이 있으면 무엇이든 좋으니 적어 보라'고 했다. 솔직히 처음에는 '대체 이게 돈 버는 거랑 무슨 상관인데?' 하고 생각했다.

지금 돌아보건대, 그 말을 듣고 하기 싫은 일을 적었던 것이 계기가 되어 인생의 일대 전환기를 맞이했다. 나를 괴롭히는 지긋지긋한 일들을 하나하나 적어 보면서 돈이

나 커리어 때문에 미련이 남아 있던 직장을 그만두고 회사를 차려서 돈 벌 각오를 다질 수 있었던 것이다.

현재 나는 부동산, 보험, 교육, 광고대행사 같은 다양한 분야의 일곱 개 회사를 운영하면서 1억 엔 이상의 수입을 올리고 있다. 이 모든 일의 출발점은 다름 아닌 '싫은 일 리스트'였다고 단언할 수 있다. 여러분도 자신이 무엇을 하고 싶은지 잘 모른다거나 좋아하는 일을 못 찾겠다면 꼭 '싫은 일 리스트' 만들어 보기를 권한다(자세한 작성법은 본문을 참고하길 바란다).

하고 싶은 일은 찾기 어렵지만, 하기 싫은 일은 세상에 널려 있다. 나도 직장을 다닐 때는 출퇴근 시간 만원 전철에 시달리고, 업무상 잦은 미팅이 정말 싫었다. 집에 가면 집안일도 하기 싫고 귀찮았다. 크던 작던 싫은 일을 모두 적어 보고, 당장 그만둘 수 있는 것부터 손을 떼자 신기하게도 '이건 할 수 있을 것 같은데?', '대신 이런 걸 해 보면 어떨까?' 하는 흥미로운 일들이 눈에 들어오기 시작했다.

하고 싶은 일, 좋아하는 일이 생기고 나서부터는 무기력했던 나의 일상이 완전히 바뀌었다. 예전에는 절대 이룰 수 없을 것만 같았던 꿈들이 어느새 눈앞에 현실이 되어 있었다. 하루하루 자신감과 의욕이 샘솟았고, 막막하고 우울하기만 했던 미래에도 희망이 깃들었다.

그리하여 이 책을 펼친 여러분에게 말하고 싶다. 애쓰지 않아도, 좋아하는 일을 하며 살아갈 수 있다고 말이다. 하기 싫은 일을 안 해도 잘만 굴러가는 것이 인생이다. 남의 시선이나 세간의 이목 때문에 억지로 해 오던 일이라면 과감히 관두자. 다른 사람에게 잘 보이기 위해, 기대에 부응하기 위해, 실패할까 봐 두려워서 자신의 몸과 마음을 갉아먹는 짓은 이제 멈추길 바란다. 좋아하는 일만 하며 살기에도 인생은 짧다. 부디 싫은 일을 일상에서 몰아내고, 하고 싶은 일로만 가득 채우며 살기를. 모두의 건투를 빈다!

가나가와 아키노리

차례

작가의 말_ 하기 싫은 일을 안 해도 인생은 잘만 굴러간다 · 4

1장 왜 하루 대부분을 싫은 일을 하며 사는가?

_인생을 가로막는 쓸데없는 편견과 고정 관념들

어차피 계획대로 흘러가지 않는다 · 15

설명서를 읽기 전에 전원 버튼부터 켜라 · 19

정말 준비가 부족해서 실패한 걸까? · 23

배우는 것에 무조건 돈부터 쓰지 마라 · 26

목표 강박증에서 벗어나기 · 30

성공하는 사람들이 집안일을 안 하는 이유 · 33

나를 위해 살지 않으면 남을 위해 살게 된다 · 38

외로움을 받아들이면 강해질 수 있다 · 41

일 친구와 놀이 친구를 구분하지 마라 · 46

싫은 일은 죽어도 안 하겠다는 각오가 필요하다 · 49

'맞다, 안 맞다'가 아니라 '하고 싶다, 안 하고 싶다' · 53

세상의 불공평함을 역으로 이용해라 · 57

화내 봤자 결국 손해 보는 쪽은 나 · 61

남의 성공 스토리는 나의 최고 인생 공략집 · 66

2장

하기 싫은 일을 버려야
하고 싶은 일이 보인다

_'싫은 일'은 그만두고 '하고 싶은 일'을 찾는 방법

인생을 바꾸는 '싫은 일 리스트' 작성법 · 73

처음부터 내키지 않는 일은 확실하게 거절해라 · 79

회사쯤은 언제든지 관둘 수 있다는 배짱을 가져라 · 83

월수입은 월급이 아니라 시급으로 따져라 · 88

'싫은 일'을 그만두기 위한 마음가짐 3가지 · 91

하기 싫은 일을 버리면 하고 싶은 일이 보인다 · 94

눈에 보이는 숫자를 절대 믿지 마라 · 101

페라리가 갖고 싶다면 페라리를 시승해 보라 · 104

'나우 월드'가 아니라 '뉴 월드'에 살아라 · 108

남의 손을 빌릴 줄도 알아야 한다 · 112

가끔은 스스로 벼랑 끝에 서 보라 · 116

3장   최고의 하루가 모이고 모여
원하는 인생을 만든다

_매일매일을 하고 싶은 일들로 채우는 법

하고 싶은 일만 하는 하루를 만들어라 · 123

딱 1만 시간만 하면 성공할 수 있다 · 127

매일 30분씩은 좋아하는 일, 궁금한 일을 해라 · 130

'투자적 사고'를 가지면 실패할 확률이 적다 · 134

최단 거리를 알아야 고생하지 않는다 · 139

내 기준에서 벗어나는 일은 과감히 버려라 · 142

시간은 '금'이 아니라 '목숨'이다 · 145

나만의 시간 관리 루틴을 만들자 · 148

자신을 위한 일정만을 일정표에 적어라 · 151

인맥에 과감히 돈을 투자하라 · 154

성공하는 사람은 결단이 빠르다 · 158

'논리'보다 '직감'으로 결정해라 · 161

최고를 추구하지 않아야 최고를 선택한다 · 164

4장 좋아하는 일만 해도
돈 걱정 없이 산다

_억지로 노력하지 않아도 잘사는 사람들의 비밀

원하는 결과를 이끌어 내는 '거꾸로 생각법' · 171

성공에 필수 요소, '커뮤니케이션 능력' · 176

결국 계속 아웃풋을 내는 사람이 성공한다 · 180

한 권을 읽어도 요령 있게 읽어라 · 183

돈은 쓸 줄 아는 사람에게 모인다 · 186

인생을 바꾸는 것은 돈으로 살 수 없는 것들이다 · 189

성공하는 데 돈 버는 재주는 필요 없다 · 193

뭘 해도 실패하는 사람이 흔히 하는 착각 · 196

남과 비교하는 순간, 이미 진 것이다 · 200

일류와 이류의 결정적인 차이 · 204

외모에 신경 쓰는 사람일수록 평생 수입이 많다 · 207

성공할 때까지 하니까 성공하는 것이다 · 210

1장

왜 하루 대부분을
싫은 일을 하며 사는가?

– 인생을 가로막는 쓸데없는 편견과 고정 관념들

어차피 계획대로
흘러가지 않는다

계획을 세울 때
빠지기 쉬운 함정

많은 사람들이 '계획' 세우기를 무척 좋아한다. 특히 비즈니스맨이라면 소위 'PDCA' 사이클을 업무나 프로젝트 진행에 기본이라고 여기는 경향이 있다.

'PDCA' 사이클이란 계획(Plan), 실행(Do), 평가(Check), 개선(Act)의 약어로 대부분 직장인이 업무나 프로젝트를 원활하고 효과적으로 수행하기 위해서 선호하는 관리 방법이다. 그래서 어떤 의미에서는 이 '계획→실행→평가→개선'의 4단계 업무 추진 방법을 활용하는 것이 자연스러울지도 모른다.

　하지만 여기에는 함정이 있다. **면밀한 계획을 세우는 데 시간을 많이 쓴 탓에 막상 실행해야 할 때 몸이 따라 주지 않는다는 점이다.**

　아무리 계획을 세심하게 세웠어도 문제나 예측 불가능한 사태가 발생한다. 아니면 상황이 변해 계획을 수정해야 하는 일도 자주 일어난다. 그때마다 계획을 조정하다 보면 시간이 아무리 흘러도 최종적인 목표 지점에 다다를 수 없다. 그래서 나는 면밀한 계획 세우기에는 그리 큰 의미가 없다고 생각한다.

　　　　행동을 방해하는 계획이라면
　　　　　　차라리 버리자

나는 항상 면밀한 계획을 세울 시간이 있으면 '당장 행동하

라'고 말한다. 아무리 완벽한 계획을 세우고, 그 계획이 아무리 훌륭하더라도 실행하지 않으면 결과는 나오지 않는다. 그리고 결과가 나오지 않으면 평가를 할 수 없고, 개선을 할 수도 없다.

즉, 행동이야말로 모든 일의 시작점이다. 그래서 나는 'PDCA' 대신 'iOIF'를 실천하고 있다. 'i'는 '스몰 인풋(Small input)', 'O'는 '아웃풋(Output)', 'I'는 '인풋(Input)', 'F'는 **'피드백(Feedback)'의 약자다. '필요한 최소한의 지식을 인풋 했다면 그 즉시 실행하라. 그 과정에서 부족한 것이 있으면 그때 인풋 하고, 아웃풋으로 얻은 결과를 반영해 마지막에 개선하라'는 의미다.**

여기에 계획은 들어가 있지 않다. 계획 세우기를 부정할 생각은 없다. 나도 몇 년 뒤 달성하고 싶은 목표가 있기에 대략적인 계획 정도는 세운다. 하지만 지금 말하고 싶은 것은 **면밀한 계획을 세우려고 애쓴 나머지 스스로 자기 앞길을 막는 사람이 너무 많다는 점이다.**

아까운 시간을 들여서 세운 계획이 실행으로 이어지지

못한다면, 애당초 계획을 세우지 말고 남보다 일찍 목표를 향해 달려 나가는 것이 인생에서 훨씬 더 유리하다는 생각이다.

설명서를 읽기 전에
전원 버튼부터 켜라

사용 설명서부터 읽는 건
시간 낭비이다

휴대전화나 컴퓨터, 전자 제품을 샀을 때 맨 먼저 사용 설
명서부터 읽는 사람이 있다. 그런 사람을 볼 때마다 나는
속으로 시간 낭비라고 생각한다. 사용 설명서를 읽기 전에
전원을 넣어 작동시켜 본 뒤 바로 사용법을 습득할 수도
있기 때문이다. 작동시켜 봐서 문제가 없으면 그대로 사용
하면 된다.

잘 모르더라도 버튼을 누르거나 여기저기 만져 보는 사이에 사용법은 자연히 터득하게 된다. 정 모르는 부분이 있거나 알고 싶은 점이 생긴다면 그제야 사용 설명서를 읽거나 인터넷으로 검색하면 그만이다.

주도면밀하지 않아도
인생은 잘 굴러간다

우리가 상품을 구입하는 순간 이미 '그 물건을 어떻게 쓰는지, 전원이 어디에 있는지' 정도는 파악한다. 이를 내가 주장하는 'iOIF'에 대입하면 다음과 같다.

① 전원 넣기 = 스몰 인풋

② 일단 써 보기 = 아웃풋

③ 다시 써 보고 모르는 부분만 사용 설명서 또는 인터넷으로 찾기
= 인풋

④ 더 잘 쓸 수 있게 되기 = 피드백

물론 사용 설명서 읽기를 무척 좋아하는 사람에게 읽지 마라고 할 수는 없다. 하지만 일부러 읽을 필요는 없으며, 대부분 읽지 않는다.

이와 마찬가지다. 사용 설명서 읽기는 PDCA의 '계획'에 해당하는데, **그 단계를 주도면밀하게 해내지 않아도 다음 단계를 잘할 수 있다. 그리고 실제 아무런 문제도 일어나지 않는다.** 도저히 안 될 때 사용 설명서 읽기, 즉 구글로 검색해 보거나 그 분야를 잘 아는 사람에게 물어보는 것으로도 충분하다.

조금 느슨해야
탄력적으로 대응할 수 있다

"아무리 그래도 회사의 사업 계획이나 프로젝트 계획까지 그리 쉽게 되는 줄 아느냐?"고 반문할 사람도 있을 것이다. 하지만 여러 사람이 함께 일하는 회사 업무 계획일수록 지나치게 꼼꼼한 계획대로 흘러가지 않는다는 생각을 해야 한다.

어느 정도 완벽하지 못한 부분을 남겨 둬야 여차할 때 탄력적으로 대응할 수 있다. PDCA 사이클을 순서대로 따르지 않으면 인생에 흠집이라도 생길 것으로 생각하는 고정관념은 지금 당장이라도 버리는 것이 좋다.

⌣ Point 02

사용 설명서를 굳이 일부러 읽을 필요는 없다.

정말 준비가 부족해서
실패한 걸까?

완벽한 준비보다 즉시 실행이 중요하다

나는 어릴 때부터 부모님과 선생님으로부터 끊임없이 "준비는 했냐?"는 말을 들어왔다. 그래서 '무슨 일을 하든지 일단 준비부터 해야 한다'는 고정 관념이 머리에 박혔다. 실패했을 때는 '준비가 부족했던 탓'이라고 여겼다.

소풍 가기 하루 전날밤, 나는 '벌레에 물리면 어쩌지?', '중간에 비가 오면?', '다니다가 속이 메슥거리면 어떡해?' 하는 생각에 멀미 봉투, 해열제, 구토 방지제, 반창고, 우비

등을 준비했다. 그런데 소풍 당일 궂은 날씨 때문에 아예 떠나지도 못했다.

이처럼 아무리 준비를 잘해도 '이걸로 완벽하다!'고 말할 수 있는 상태는 절대 만들 수 없다. 설령 준비가 완벽하다 해도 예측하지 못한 돌발 상황은 언제나 생기기 마련이다. **그러니 처음부터 '완벽하게 준비하겠다'는 생각을 버려야 한다.**

과도한 준비 역시 시간 낭비일 뿐이다

공부나 일도 마찬가지다. 예를 들어 정말로 영어를 잘하고 싶다면, 1년이고 2년이고 영어 학원에만 다닐 것이 아니라 웬만큼 공부했으면 과감하게 해외로 나가야 한다. 현지에서 영어에 푹 빠져 생활해야 살아 있는 영어가 자연스럽게 몸에 체화될 수 있다.

직업상 영업 기술을 익히려 한다면 약간의 매너를 배운 다음 바로 고객을 만나야 한다. 사내 직원들을 상대로 아무리 롤플레잉을 반복해도 실천적인 영업 스킬은 몸에 붙지 않는다. 언제나 예상을 뛰어넘는 상황이 발생할 수 있기 때문이다. **과도한 준비는 시간 낭비다. 일단 행동부터 시작하자.**

배우는 것에 무조건
돈부터 쓰지 마라

자꾸 반복하지 않으면
아무리 외워도 소용없다

독일의 심리학자 헤르만 에빙하우스(Hermann Ebbinghaus)는 실험 연구를 통해 '망각 곡선'을 밝혀냈다. 그가 주장한 망각 곡선에 따르면 사람은 학습 후 20분이 지났을 때 50퍼센트밖에 기억하지 못한다는 사실을 알려 준다.

기왕 말이 나왔으니 덧붙이자면, 꼭 20분이 아니라도 상관없다. 그저께 저녁 메뉴를 묻는 말에 재깍 답할 수 있는 사람이 몇이나 될까? 그저께 업무상 미팅에서 만난 사람 이름을 바로 답할 수 있는 사람은 또 얼마나 될까? 거의 없을 것이다. 이처럼 사람은 망각의 동물이다.

입시 공부를 할 때 영어 단어집을 들고 다니며 달달 외웠던 경험이 한 번쯤은 있을 것이다. 그때 외웠던 단어를 지금도 기억하는가? 일상적으로 영어를 쓰는 사람이 아니라면 대부분 잊어버린다.

사람의 기억이란 이렇다. 아무리 시간과 노력을 기울여 외워도 일정한 시간이 흐르면 몽땅 날아가 버린다. 즉, 인풋 이전의 상태로 자연스럽게 되돌아가는 것이다.

인생에 도움 되는 것은
인풋이 아니라 아웃풋이다

우리는 사회인이 되고 나서도 책이나 세미나, 사내 연수 등에 어마어마한 시간과 돈을 써가며 많은 내용을 배워 왔다. 하지만 그중에서 지금까지 도움이 되는 건 얼마나 있을지 따져 보자.

　머릿속에 지식을 집어넣기만 해서는 아무 소용이 없다. 실제로 체험해서 습득한 것, 실패를 통해 익힌 것이야말로 기억에 남는 법이다.

　상대방 이야기를 빠짐없이 잘 들었다가 그걸로 영업 실적을 올린 경험이 있는 사람은 상대의 이야기를 듣는 자세가 체화되어 있다. 하물며 약속 시각에 5분 늦었다고 단골에게 호된 꾸지람을 들어 본 사람은 더 이상 지각하지 않는다. 물론 최소한의 지식을 얻기 위해 인풋은 필요하다. 그러나 **어느 정도 인풋을 했으면, 그다음은 무조건 아웃풋(=행동)을 내야 한다.**

　시간과 돈을 쓰는 방법도 마찬가지다. 인풋에 들이는 돈과 시간을 최소한으로 줄인 뒤, 아웃풋을 향상시키는 데 모든 돈과 시간을 투입해야 한다. 아웃풋을 만들어 내는 방법이나 돈, 시간에 관한 사고방식은 뒤에 나올 4장에서 자세하게 살펴보도록 하겠다. 여기서 중요한 것은 아웃풋

으로 얻은 결과를 통해 배운 점이야말로 진정한 의미의 인
풋이 된다는 사실만큼은 기억해 두기 바란다.

─────── ☺ Point 04 ───────

실제로 체험해서 습득한 것, 실패를 통해 익힌 것이야말로
진정 기억에 남는 법이다.

목표 강박증에서
벗어나기

회사에서는 연초에 '사업 계획'이라고 부르는, 한 해 해야 할 계획과 목표를 세우고 그에 따라 사업을 추진한다. 그 영향 때문인지 직장인 대부분이 '1년 단위로 자신의 목표를 세워야 한다'고 생각하는 경우가 많다.

 "한 해의 계획은 정월 초하루에 세울 일이다"라는 격언을 따르듯 '그해의 목표'를 수첩 첫 페이지에 적어 두는 사람도 적지 않다. 하물며 어린 시절을 떠올려 보라. 겨울방

30

학 때 새해 포부를 적어 오라는 숙제를 받아 본 적이 있는 사람들도 많을 것이다.

물론 목표는 중요하다. 하지만 **목표에 너무 얽매이면 '하고 싶지 않아도 해야 한다'라는 강박감이 생긴다.** 예를 들어 올해 목표로 '복근 운동을 하루 50번 하겠다'라고 수첩에 적어 뒀다면, 그 문구를 볼 때마다 '오늘도 해야 한다'라는 의무감이 생길 것이다. 만약 약속을 지키지 못하면 자기혐오에 빠지기도 한다.

목표를 희망으로 바꾸면
내적 동기가 강해진다

나는 언젠가 판매 부수 1백만 부를 기록하는 책을 출판하고 싶다. 그런데 "나의 목표는 1백만 부입니다"라고 말하고 다니면 해야 한다는 의무감이 생겨서 동기가 떨어진다.

그래서 "1백만 부 팔리기를 희망합니다"라고 바꿔 말함으로써 감정의 무게를 덜어 낸다. 희망이라고 바꿔 말하면 오히려 설레기까지 한다.

복근 운동을 예로 들면 '하루 50회'라는 목표가 아니라 **'멋지게 몸을 만들어 해변으로 여행 가야지', '슈트를 날렵하게 소화하겠어'처럼 목표를 달성한 뒤의 느낌과 상태를 떠올려 보는 것이다.** 이렇게 하면 목표가 희망으로 바뀌면서 '복근 운동 하루 50회'를 실천할 내적 동기가 솟아난다.

그러니 목표를 희망으로 바꾸어라. 그것만으로도 기분이 고조되고 정말로 '하고 싶은 일', '하기 싫은 일'이 명확해질 것이다.

ⓒ Point 05

목표를 희망으로 바꾸자. 그러면 오히려 설레기까지 한다.

성공하는 사람들이
집안일을 안 하는 이유

집안일은 남에게 맡겨도 된다

성공한 사람들은 "월수입 50만 엔만 넘으면 집안일은 남에게 맡겨라"는 말을 자주 한다. 직장 생활을 하면서 그 말을 들었을 때는 '언젠가 그만큼 벌면 사람을 쓰자'고 생각했다. 하지만 막상 50만 엔 넘게 벌면서도 좀처럼 남의 손에 맡기지를 못했다.

　그런데 청소, 빨래, 쓰레기 처리 같은 일상적인 집안일에 의외로 시간이 많이 들었다. 욕실 청소, 설거지, 다림질

등 자잘한 일을 하느라 휴일을 통째로 날리기 일쑤었다.

　어느 날, 나는 마음먹고 인터넷 사이트를 돌아다니며 집안일을 맡길 수 있는 방법에 대해 조사해 보았다. 노인 일자리 정책을 시행하는 기관인 실버인재센터 등에 의뢰하면 1시간당 1천 엔 정도에 집안일을 해결할 수 있었다. 시간당 1천 엔이니 2시간이면 2천 엔, 주 1회면 한 달에 8천 엔이다. 월수입 50만 엔일 경우, 하루 2만 엔을 벌고 10시간 일한다고 치면 시급이 2천 엔 정도였다.

　그렇다면 가사 대행에 시간당 1천 엔을 들인다 해도 손해는커녕 그 시간에 다른 일을 할 수 있으니 1천 엔 이득인 셈이다. 어디까지나 단순 계산이니 '세상일이 그렇게 간단하냐?' 하고 반론을 제기할 수도 있을 것이다.

　나도 처음에는 쉽지 않았다. 비서 업무 같은 것은 당장 대행을 이용할 수 있지만, 집안일은 월수입 50만 엔을 넘고 나서도 맡기는 데 3년이나 걸렸다. 그나마 결심한 것도 일이 너무 바빠 도저히 대행을 이용하지 않고는 배길 재간이 없어서였다.

그래서 '에라, 모르겠다!' 하는 심정으로 맡기기 시작했는데, **한번 이용해 보니 '왜 좀 더 일찍 이렇게 하지 않았을까?' 하는 후회를 할 만큼 몸과 마음이 편했다.** 이후로 나는 그 시간을 일에 쏟았고, 자아실현을 위해 공부를 했으며, 친구와 함께 여행도 가는 등 몇 배나 효율적으로 활용할 수 있었다.

돈보다 시간을 중요하게 여겨라

집안일을 직접 하면 지갑에서 돈은 나가지 않지만, 그 시간에 수입이 생기지 않는다. **진짜 부자는 시간과 돈을 저울질할 때 시간에 더 비중을 두는 경향이 있다.**

가령 집까지 도보 15분 거리인데 걸어서 갈지 택시를 탈지 선택해야 할 때, 부자는 주저 없이 택시를 불러 타고 차 안에서 일을 한다. 돈이 많아서 택시를 타는 것이 아니다. 성공한 사람은 언제나 **'돈을 어디에다 투자해서 더 많은 돈을 벌 수 있을까?', '불린 돈으로 어떻게 내 시간을 늘릴까?'**를

생각하기 때문이다.

조금 다른 이야기지만, 지방에서 수도권으로 이사를 온 사람들은 거주지를 물색할 때 가장 먼저 집값부터 따지는 경우가 많다. 내 집을 마련할 때도 집값부터 계산하는 사람이 대부분이다. 그런데 나는 취직을 위해 상경한 첫해부터 근무지와 최대한 가까운 곳에 거처를 마련하려 애썼다. 가능한 한 출퇴근 시간을 제로로 만들려고 했다.

왜 그랬을까? 나는 단언할 수 있다. 출퇴근 시간은 시간 낭비다. 그 시간은 허비될 뿐 아무런 의미 없는 시간이다. 집에서 지하철역, 역에서 사무실까지 가는 데 걸리는 시간, 만원 전철에 시달리는 시간과 스트레스. 나에게 그런 출퇴근은 가장 '하기 싫은 일' 중 하나였고, 남들도 대부분 그렇게 느끼지 않을까 싶다.

집세를 줄이는 게 중요할 수도 있다. 하지만 **'내 시간을 잘 쓰기 위해 할 수 있는 일은 무엇일지'를 따지는 일이 더 중요하다.**

그런 의미에서 만약 여러분이 집안일을 잘 못하고 싫은데도 꾸역꾸역 하는 중이라면 지금 당장 가사 대행 서비스를 이용하길 권한다. 비록 시간당 1천 엔의 비용이 들더라도 그 시간을 자신의 일과 놀이에 효과적으로 쓴다면 인생은 백배 더 즐거워질 것이다.

Point 06

집안일을 직접 하면 지갑에서 돈은 나가지 않지만,
그 시간에 수입이 생기지 않는다.

나를 위해 살지 않으면
남을 위해 살게 된다

남이 부러워해도 나에게 가치가 없다면

과감히 버려야 한다

나는 대학 때 공인회계사 시험에 합격한 뒤, 세계 최대 규모의 회계법인 딜로이트 투쉬 토마츠의 감사 법인에 취직했다. 주변 사람 눈에는 그야말로 엘리트 코스를 질주하는 듯이 보였을 것이다. 하지만 나는 입사한 지 3년이 지난 어느 날 창업을 하기 위해 미련 없이 사표를 던졌다.

"그 좋은 회사를 왜 그만둬!" 부모님과 친구들, 동료, 후

배까지 여러 사람이 아쉬워했다. 특히 부모님은 내가 공인
회계사 시험에 합격했을 때 크게 기뻐하며 "잘했다. 한눈팔
지 말고 그 길로 매진해라" 하고 격려해 주셨던 만큼, 회사
를 그만둔다고 말씀드렸을 때 너무나도 크게 상심하셨다.

그래도 나는 그때 그만두기를 잘했다고 생각한다. 타인
의 가치관과 자신의 가치관은 다른 법이다. 설령 부모라
할지라도 말이다. 그러니 아무리 남이 부러워하는 일이라
도 자신에게 가치 없는 일이라면 과감하게 손을 떼야 한
다. 온갖 유혹을 뿌리쳐야 한다.

하지만 실제로는 부모나 주변 사람의 기대에 부응하기 위
해 하고 싶지도 않은 일, 바라지도 않는 일을 하는 사람이 많
다. 아니, 원치 않는다는 사실조차 깨닫지 못한 채 슬픔, 고
통, 분노 속에서 한숨만 쉬며 살아가는 사람이 상당히 많다.

남의 인정이 무슨 의미가 있는가?

타인과 사회의 기준에 맞춰 하고 싶지도 않은 일을 계속하

는 것은 인생의 낭비일 뿐이다. 남이 다 하고 싶어하고 자신도 하고 싶은 일이라면 그 일을 하는 데 주저할 필요가 없다. 하지만 부모나 주변의 평가와 평판, 체면 때문에 자신이 하고 싶지도 않은 일을 하는 것은 본말이 전도된 행위다.

'누군가가 나를 인정해 주면 좋겠다'라는 목표가 아니라 자신만의 기준을 세우고 살아야 한다. 그러기 위해 '남들이 뭐라 생각하든 상관없다'고 여기는 굳건한 심지를 갖자. 그러한 굳건함이 몸에 배면 희한하게도 자신을 응원해주는 사람이 분명히 나타난다.

—— ☺ Point 07 ——

남의 이목 때문에 소중한 시간을 조각내지 말자.

외로움을 받아들이면
강해질 수 있다

혼자일 때 가장 나다울 수 있다

"모난 돌이 정 맞는다"는 말처럼 많은 사람들이 집단 속에서 튀는 행동을 하기 싫어한다. 그래서 초등학생 때는 모두가 똑같은 책가방을 메고, 중고등학생 때는 똑같은 교복을 입는다. 남과 다른 옷차림이나 머리 모양, 언행을 하면 주의를 받고 집단에 어울리기를 요구 받는다. 그로 인해 머릿속에는 '남과 어울리는 것이 중요하다'라는 생각이 자신도 모르는 사이에 주입된다.

물론 남과 어울리는 것은 중요하다. 업무든 인생이든 혼자서 할 수 있는 일의 수준은 뻔하다. 서로가 서로를 보완하고 도와야 더 나은 일을 할 수 있고, 더 나은 삶을 살 수 있다. 하지만 남과 어울리는 데 너무 큰 비중을 두면 남과 다른 길을 가느라 혼자 힘으로 헤쳐 나가는 것을 공포로 여기게 된다.

그러면 자신이 정말로 무엇을 하고 싶고, 무엇을 하기 싫은지를 알지 못한다. 그래서 나는 **'고독을 두려워하지 마라'고 소리 높여 강조한다. 오히려 고독해야 자신의 삶을 자기답게 살 수 있다.**

나를 좋아해 줄 거라는 착각은 버리자

현대는 SNS(Social Network Service) 전성시대다. 사람들은 누군가와 '연결'되기를 원하고, 누군가로부터 '인정'받고 싶어하는 만큼 '고독'해지기를 두려워한다.

그런데 늘 누군가와 연결되어 있다는 게 인생에서 정말 중요할까? SNS에서 수백, 수천 명과 연결되어 있으면 좋은 점이 뭐가 있을까?

　나의 경우 2년 정도 SNS 계정을 방치해 두었다. 틀림없이 예전에 알던 사람은 '그 녀석 요즘은 어떻게 지내나?' 하고 궁금해할 것이다. 하지만 연결되어 있는 사람이 많고, 게다가 그 연결 상태가 항상 지속될수록 나도 모르게 나와 타인을 비교하느라 마음이 상하기도 하고, 시샘할 일도 늘어났다. 그뿐만 아니라 주위에서 들리는 이야기에는 잡음이 많다. 살아가는 데 알아도 그만, 몰라도 그만인 이야기가 대부분인 것이다.

　그래서 나는 SNS와 거리를 두고 자기 내면을 성찰하는 제대로 된 시간을 갖는 편이 훨씬 낫다. 조용히 나를 돌아보는 시간을 통해 마음의 소리도 들을 수 있다. 그 소리에 따라 하고 싶은 일을 하면 되는 것이다.
　그런데 사람은 '남이 싫어하는 사람이 되기 싫어', '나를 좋아해 주면 좋겠어' 같은 욕구를 갖고 있다. 그런 마음이 문제다. 인간관계에서는 딱 한 가지만 기억하길 바란다.

아무리 사랑 받을 가치가 넘치는 사람이라도 1백 명 가운데 1백 명 모두에게 사랑 받을 수는 없다.

소중하지 않은 것들 때문에
소중한 자신을 잃지 말자

흔히 사업을 할 때 폭넓은 인간관계야말로 사업의 성공을 좌우한다는 말을 자주 듣게 된다. 내가 처음 창업을 준비했을 때도 굉장히 많이 들었던 말이다. 그래서 나는 원하지 않는 술자리에 가거나 무례한 사람들을 종종 만나야 했는데, 이 일로 꽤 스트레스를 받았다.

억지로 하려다 보니 의욕이 점점 꺾이고 나의 일상 루틴이 조금씩 어긋나기 시작했다. 그래서 이 역시 '싫은 일 리스트'를 점검하는 과정에서 모두 관둬 버렸다. 지금 와서 생각해 보면 그때 술자리에서 만난 인간관계는 사업의 성패에 별다른 영향을 미치지 않았다.

사업뿐만이 아니다. 친구나 직장 동료와의 관계를 떠올

려 보자. 그들의 기분을 맞추느라 싫어도 좋은 척 애써 연기를 하거나 참고 넘긴 적은 없는가? 다른 사람으로부터 미움 받기 싫어서 억지로 했던 행동이 정작 나 자신을 갉아먹는다는 사실을 모르고 말이다. 잊지 말자. 우리는 중요하지 않은 것들 때문에 정말 중요한 것을 잃어버려서는 안 된다.

─── :) Point 08 ───

고독을 받아들이자. 조용히 나를 돌아보는 시간을 통해
마음의 소리를 들을 수 있다.

일 친구와 놀이 친구를
구분하지 마라

부자는 왜 친구가 적을까?

나는 창업 후 2년 사이에 5~6천 명을 만났다. 그때는 인맥을 넓히기 위해 매일같이 교류회나 파티, 세미나에 참석했다. 그 결과 지금까지 만난 사람의 연 인원수는 적어도 5~6만 명은 된다. 하지만 그들 중에서 내가 믿는 사람, 기댈 수 있는 사람은 1백 명 정도다. 함께 사업을 시작할 수 있을 만한 사람, 내가 곤란할 때 손을 내밀 만한 사람……. 그런 사람만 주변에 남아 있다. 결국 파티나 세미나에서 명함만 나눈 사람은 인맥도 뭣도 되지 않는다.

　내 주변의 부자 친구들도 그렇다. 그들이 실제 친하게 지내는 사람은 극히 소수다. 이종 업종 간 교류회나 파티에서는 그들을 만나려고 이 사람, 저 사람이 명함을 들고 찾아오니 언뜻 보기에 인간관계도 화려해 보인다.

　하지만 그들은 자기 주변에 사람이 몰리는 이유가 부와 명성 때문임을 잘 안다. 그래서 부자들은 깊이 사귈 사람을 엄선해서 진심으로 신뢰할 수 있는 사람, 함께 있을 때 안심할 수 있고 즐거운 사람만을 옆에 두려 한다.

인생에서 필요한 일과 놀이 친구

부자들의 인간관계에는 또 하나의 공통점이 있는데, 그것은 바로 **일과 놀이 친구가 같다는 점이다.**

　하루가 24시간이라는 사실은 누구에게나 동일하다. 그런데 그 24시간을 크게 수면, 일, 놀이로 구분할 때 일로 만난 친구와 놀이 친구가 같으면 시간과 돈을 모두 효율적으로 쓸 수 있다. 나 역시 일 친구와 사적으로 놀러 갈 친구가 동일하다. 밥도 일 친구와 함께 먹고, 헬스장과 사우나도 함께 가고, 해외여행도 같이 간다.

부자들에게 일은 놀이의 연장이며 놀이는 일의 연장이다. 그렇게 함으로써 사적인 시간이 일과 연계되어 사업이 성공한다. 함께 시간을 보내기만 할 뿐 아무것도 생산하지 못하는 관계, 그저 무리 지어 있기만 하는 관계, 놀기만 하는 친구가 필요한 사람도 있다. 하지만 나는 그런 관계는 사업, 인생 그 어디에도 필요치 않다고 생각한다.

일을 할 때든 사적인 시간이든 서로 자극을 줄 수 있는 사이야말로 인생에서 정말 필요한 관계다.

☺ Point 09

인맥은 넓히는 것이 아니라 깊게 파는 것이다.

싫은 일은 죽어도
안 하겠다는 각오가 필요하다

꿈도 없이 흘러가는 대로
사는 인생은 의미가 없다

이번에는 개인적인 이야기를 좀 더 해 보겠다. 나는 초중
고 학교를 다니는 내내 공부를 못했다. 야구나 음악처럼
내가 좋아하는 분야에만 열중했고, 공부에는 전혀 관심이
없었다. 하고 싶은 일에는 남보다 곱절의 열의를 내며 달
려들지만, 싫어하는 일에는 눈길도 주지 않는 성격 탓이다.

그 결과 고등학교는 편차치 35에 경쟁률 0.97인, 응시만

하면 누구나 받아 주는 속칭 '똥통 학교'에 들어갔다. 그리고 공부는 내팽개친 채 특별 활동에 빠져들어 '브라스 밴드→음대→프로 뮤지션'이라는 길을 가고자 온 힘을 다해 청춘을 즐겼다.

그러던 중 아버지의 사업이 난관에 부딪혔다. 그리고 어느 날 아버지가 "아키노리야, 용서해라" 하는 말에 프로 뮤지션이 되겠다는 꿈은 부서졌다. 음대는 일반 대학에 비해 입학금과 학비가 비쌌기 때문이다.

열여덟에 내가 가려던 길이 막혀 버린 이후로 장래에 성공해 부자가 되겠다는 생각이 유일한 꿈으로 자리 잡았다. 그때부터 정신을 차리고 하루 16시간을 공부에 매진했다. 비록 삼수까지 했지만 당당히 리쓰메이칸 대학 산업사회 학부에 합격했다. 모교로서는 개교 20년 만에 첫 대학 합격자를 배출한 경사였다.

대학 입학 후에는 재학 중에 공인회계사 시험에 합격하겠다는 목표를 세우고 하루 16시간 이상 공부했고, 그것도 보란 듯이 이뤄 냈다. 이후 세계 최고의 회계법인에 취직해 기분 좋게 사회 진출의 첫발을 내디뎠다.

사람은 이렇게 큰 목표가 있으면 지극히 열심히 살 수 있다. 그런데도 눈앞의 작은 목표만 좇고, 주위에 휩쓸리며, 하고 싶지도 않은 일에 시간을 쓰는 것은 인생을 낭비하는 길이다.

강한 의지만 있으면
'하지 않아도 되는 길'이 열린다

인생에서 정말로 '하고 싶은 일'을 이루려면 '싫은 일은 죽어도 하지 않겠다'는 각오를 해야 한다. '다들 그냥 하니까', '좋은 게 좋은 거지' 하며 그저 흘러가는 대로 살다 보면 인생은 순식간에 끝이 난다. 물론 다른 사람과 똑같은 평균치로 살아야 유대감도 생기고 마음도 편하다. 나도 그럴 때가 있다.

하지만 늘 같은 여건 속에서, 어쩔 수 없다는 핑계나 대

51

1장 왜 하루 대부분을 싫은 일을 하며 사는가?

며 싫어도 참는 것을 반복하는 나날이 과연 즐거울까? 성장을 실감할 수 있을까? 나는 그런 삶을 원하지 않는다. 평생 딱 한 번밖에 없는 '오늘이라는 날을 언제나 최고의 하루로 만들겠다' 이렇게 결심하고 산다. 그래서 '싫은 일은 죽어도 하지 않겠다'고 정한 것이다.

그리하여 나는 스스로에게 묻는다. 내가 정말로 하고 싶은 일은 무엇인가? 과연 원하는 인생을 향해 전력으로 달리고 있는가? 하기 싫은 일이 분명한가? 하기 싫은 일을 하지 않기 위해 어떤 노력을 하는가?

☺ Point 10

하기 싫은 일을 하지 않기 위해 어떤 노력을 하고 있는가?

'맞다, 안 맞다'가 아니라 '하고 싶다, 안 하고 싶다'

적성은 의외로
결과와 별 상관이 없다

'하고 싶다, 하기 싫다'에 관한 이야기를 해 보자. 새로운 일에 도전할 때 사람은 대부분 '하고 싶다, 하기 싫다'가 아니라 '자신에게 맞는지, 아닌지'를 따져서 선택한다.

예를 들어 학창 시절에 '수학은 내게 안 맞으니까 문과로 진학해야지', '운동을 못하니까 특별활동은 문화부에 들어가야 되겠다' 같은 식으로 결정을 내리는 사람이 있다.

구직 때도 '처음 보는 사람과 만나는 게 안 맞으니까 영업은 못해'라고 판단했을지도 모른다.

나도 창업 당시에 남 앞에서 말하는 것이 내게는 맞지 않다고 생각했다. 그래서 스피킹에 관한 강좌를 들었고, 강사에게 "저는 남 앞에서 말하는 게 잘 안 맞는 것 같아요"라고 상담했더니 그는 의외의 답을 말해 주었다.

"맞고 안 맞고는 결과와 무관합니다. 맞지 않아도 결과를 낼 수 있어요"라는 것이었다. **적성이 중요한 게 아니라 하고 싶으면 하면 된다**는 말에 충격을 받았다.

그때부터 내가 말하는 장면을 영상으로 찍었고, 매일 몇 시간이고 남 앞에서 말하는 훈련을 했다. 남 앞에서 말하기는 내가 '하고 싶은 일'이었기 때문이다. 노력한 보람이 있어 지금은 강연회를 열면 여러 참가자로부터 "가나가와 씨, 말씀 재미있었습니다"라든가 "오늘 강연회 좋았습니다"라는 말을 듣기까지 한다.

어떤 사람은 '못하는 일에 굳이 그렇게 시간을 들여야하나?'라고 생각할 것이다. 그런데 그 일은 그때 **내가 하고싶었던 일**이었다. 사람은 누구나 '하고 싶다'고 느끼는 일에는 그 어떤 노력도 아끼지 않는다.

맞지 않아도
하고 싶으면 해라

앞서 언급했지만, 나는 고등학교 때까지 공부를 못했다. 그러다 어느 날부터 맹렬하게 공부에 매진해 리쓰메이칸 대학에 합격했다. 또 대학 재학 중에 공인회계사 시험에 합격했다.

심지어 고등학교 시절 트롬본을 시작했을 때도 '나에게맞지 않다'고 고민한 적은 있었지만, 그저 좋아서 계속 하다 보니 파트 리더도 맡았다.

사람은 무언가를 시작할 때 '자신에게 맞는지 아닌지'를따지기 쉬운데, **정작 지침으로 삼아야 할 것은 '하고 싶은지 아**

닌지'다. 적성에 잘 맞지 않는 일도 '하고 싶다'는 생각만 있으면 계속하는 사이에 결과는 반드시 따라오기 마련이다.

☺ Point 11

나랑은 '맞지 않다'며 마음에 제동을 걸 시간에
'하고 싶은지, 하기 싫은지'부터 스스로에게 묻자.

세상의 불공평함을
역으로 이용해라

세상은 불공평하다는
사실을 받아들여라

자신에게 잘 맞는지 아닌지를 따져본들 득이 되지 않는 것과 마찬가지로 세상이 공평한지 아닌지를 논하는 것도 시간 낭비다. 애초에 세상은 불공평하기 때문이다.

그런데도 어느새 '그렇게 노력해 결과를 냈는데 어째서 쟤가 나보다 먼저 승진하는 거야? 불공평하잖아!', '내가 이렇게 열심히 하는데도 부장님은 쟤만 총애하고…… 억울

해!'라고 불만을 갖는 게 사람 마음이다. 이처럼 자신도 모르게 세상일을 공평한지 아닌지로 판단하고 있다.

학창 시절에는 틀림없이 공부를 많이 할수록 시험 성적이 잘 나오고, 입시에서도 점수에 따라 합격과 불합격이 나뉘었다. 말하자면 노력이 보상을 받는 공정한 세계였던 것이다. 그런데 사회에 나오면 노력이 반드시 결과로 이어지지 않는다. 오히려 회사에서는 아무리 노력해서 결과를 내더라도 상사의 호평을 얻지 못하면 승급이나 승진이 보장되지 않는다. 더욱이 그 상사가 평가에 공정한가 하면 꼭 그렇지도 않다.

때에 따라 상사는 생각보다 무능할 수도 있다. 그렇지만 애초에 회사에는 1백 퍼센트 공정한 평가가 존재하지 않는다. 언제나 상대적인 잣대 속에서 결과가 정해진다. 그러니 공평한지 불공평한지에 관해 불평불만을 쏟아 봐야 시간 낭비다.

그렇다면 어떻게 해야 할까? **우선 '세상은 불공평하다'라는 사실을 확실히 머릿속에 새겨 둬야 한다. 세상에는 아무리 노력해도 보상 받지 못하는 일이 있다는 것을 분명히 인식해야 한다.**

노력한 사람이 모두 성공한다면 세상은 성공한 사람, 억만장자로 넘쳐날 것이다. 현재 다니는 회사나 세상에 대해 '불공평하다'라고 짜증을 내고 있다면 그것은 자신이 '노력한 대가를 얻지 못한 입장'이기 때문이다.

만약 지금 자신이 정당하게 평가 받고 노력에 걸맞은 보상을 받고 있다면 불공평하다는 불만을 터뜨릴 리가 없다. 그런데 현 상황에 불만이 있다는 것은 반대로 보면, 앞으로 계속 노력해서 제대로 보상 받을 기회가 있다는 의미이기도 하다. 그 이유는 인생과 일은 모두 '꼬아 놓은 새끼줄마냥 행복과 불행이 서로 엮인 모습'이기 때문이다.

지금 당장은 자신의 노력이 평가 받지 못한다 해도 멈추지 않고 노력한다면 반드시 어떤 형태로든 결실을 맺을 것이다. 그리고 그것을 계기로 크게 비약할 수 있다. 성공하는 사람일수록 세상의 불공평을 잘 이용한다는 사실을 잊지 말자.

☺ Point 12

인생과 일은 모두 '꼬아 놓은 새끼줄 마냥
행운과 불행이 엮인 모습'이다.

화내 봤자 결국
손해 보는 쪽은 나

앞서 아무리 불공평한 일이 일어나도 불평불만은 시간 낭비라고 말했다. 그런데 현실적으로 불평불만은 자기도 모르게 튀어나오는 법이다. 때로는 화가 솟구치기도 한다.

가령 미팅에 늦지 않으려고 택시를 탔는데 택시 기사가 길을 잘못 들었을 때, 어떻게 하는가? 대부분은 '어쩔 수 없지' 하면서 참을 것이다. 하지만 개중에는 '바빠서 일부러 탔는데 이게 뭐야!', '택시비 돌려줘!'라고 화를 내는 사람이 있다. 감정의 끓는점이 낮은 사람이다.

나는 그런 사람을 보면 이런 생각이 든다. '화를 내면 뭐가 해결되는데?' 아무리 큰소리로 화를 낸다 한들 시간을 원래로 되돌릴 수는 없다. 상황이 바뀌지도 않는다.

게다가 목적지에 도착하기 전에 화를 내면 택시 기사는 승객이 화를 내는 통에 마음이 동요되어 또다시 길을 잘못 들거나 위축되어 사고를 낼 가능성까지 있다. 그러니 차라리 화를 낼 시간에 당장 구글 지도로 길을 찾아서 기사에게 가르쳐 주는 편이 훨씬 효율적이다.

분노에 휘말리지 않는 감정 매니징

이렇게 세상일에는 문제가 따라 일어나기 마련이고, 그 문제가 무방비 상태인 자신을 덮칠 수도 있다. 하지만 그때마다 상대나 상황을 비난하거나 논평하고 불평을 늘어놓은들 아무 소용없다. 모두 시간 낭비다. 아무런 생산성도 없다는 말이다.

택시를 예로 들어 설명했지만, '바빠서 택시를 탔는데 택시 기사가 길을 잘못 든' 상황이라면 **어떻게 하면 빨리 목적지에 도착할지부터 생각해야 한다. 상대에 대한 비판이 목적이 된다면 본말전도다.** 애초에 남을 비난하거나 욕하고 부정적 에너지를 발산하는 사람에게 다가가려는 사람은 아무도 없다.

나는 고등학생 때 메밀국수 체인점에서 아르바이트를 했다. 그때 우동과 메밀국수를 혼동해 실수한 적이 있었다. 주문한 손님은 50대로 보이는 아저씨였는데, 울그락불그락하며 화를 내면서 가게가 떠나갈 듯 소리쳤다.

"난 우동이 아니라 메밀국수를 먹고 싶단 말이야. 똑바로 못해?" 물론 주문을 혼동한 내 잘못이 컸다. 하지만 몇백 엔짜리 메밀국수 하나에 감정을 실어 고래고래 소리 지르는 어른은 되지 않겠다고 굳게 결심했다.

아르바이트 건 외에도 주변에서 마음이 화로 가득한 사람, 화로 인해 발생하는 문제도 여럿 보았다. 따라서 나는 점차 분노의 감정이 온몸을 휩싸고 있으면 아무것도 할 수 없다는 사실을 깨달았다. 그리고 지금은 내 안의 화를 긍정적으로 다스릴 수 있게 되었고 웬만한 일에는 화를 내지 않는다.

화를 가라앉히는 마법의 말 '그럴 수도 있지, 뭐'

감정이 일어나는 대로 화를 쏟아 내는 사람은 옆에서 보기에도 현명함과는 거리가 멀어 보인다. 오히려 유치해 보이기까지 한다. 그럼, 어떻게 하면 감정에 치우치지 않을 수 있을까? 화를 내지 않는 나만의 비법을 한 가지 소개한다.

감정이 솟구칠 만한 일이 일어났을 때 '그럴 수도 있지, 뭐'라고 혼잣말을 내뱉는 것이다. 그러면 마음이 가라앉는다. 사실 자기 주위에서 일어나는 문제의 대부분은 별것 아닌 일들이다. 문제가 발생했을 당시에는 '큰일 났네. 어쩌면 좋지?' 하고 안절부절못했더라도 어떻게든 해결되었으니 지금이 있는 것이다. 그렇다면 노발대발할 만큼 분통이 터지는 일이 있더라도 '그럴 수도 있지, 뭐' 하고 흘려버릴 수 있다.

분노의 감정은 참으로 희한해서 울화통을 터뜨리고 나서도 속은 전혀 후련해지지 않는다. 오히려 분노가 더욱 증폭되어 걷잡을 수 없이 끓어오르기 일쑤다. 한번 분노의 스위치가 켜지면 아무리 침착해지려고 해도 마음대로 되지 않는다.

그러니 '그럴 수도 있지, 뭐'라는 말을 내뱉어 일단 분노의 스위치를 끄자. 신기하게도 마음이 가라앉으면서 다음에 무엇을 해야 할지가 눈에 들어온다.

분노의 감정은 자신의 에너지를 낭비하는 행위나 다름 없다. 우리 몸과 마음의 에너지는 귀하다. 화를 내는 데가 아니라 더 긍정적인 곳에 쓰여야 한다.

☺ Point 13

화가 날 때는 '그럴 수도 있지, 뭐'라는 말을 내뱉어
일단 분노의 스위치를 끄자.

남의 성공 스토리는
나의 최고 인생 공략집

일류대에 합격하는 학생은 공부할 때 문제집의 답지부터 본다고 한다. 수학 문제를 예로 들면, 일단 문제를 읽는데 풀이 방법이 바로 떠오르지 않을 때 답지를 보고 풀이법을 머릿속에 넣은 뒤 유사 문제를 푼다는 것이다.

반면 성적이 고만고만한 학생은 문제가 잘 풀리지 않으면 10분이고 20분이고 머리를 쥐어짠다. 그렇게 해서 거우 답을 끌어냈는데도 그 답이 틀리면 또다시 낑낑댄다. 시험도 아닌데 답지는 절대 보면 안 된다는 생각에 갇힌 것이다. 고만고만한 학생이 자기 머리로 한 시간에 한 문제를 푸는 동안 머리 좋은 학생은 답지를 보고 풀이 방법을 이해해 열 문제, 스무 문제를 술술 풀어 나간다.

인생 공략법을 알아야
성공으로 가는 길을 단축한다

이건 꼭 시험공부에만 적용되는 이야기가 아니다. 바둑이나 장기 기사들은 "하수가 생각하는 시간은 쉬는 시간"이라는 말을 한다. 하수의 생각은 시간 낭비라는 것이다. 우리도 이같이 실수를 곧잘 저지른다.

예를 들어 일을 잘하고 싶으면 잘하는 사람에게 배우면 될 텐데 혼자서 어떻게든 해 보려고 한다. 부자가 되고 싶으면 부자에게 물어보면 되는데 그런 생각조차 하지 않는다. 참으로 답답한 일이다.

만약 어느 무인도에 보물이 묻혀 있다는 이야기를 듣고

그 보물을 찾아 나섰다고 하자. 보물을 손에 넣기 위해 무엇을 해야 할까? 갑자기 아무 무인도나 가서 땅을 파는 짓은 하지 않을 것이다. 보물을 찾고 싶으면 보물의 위치가 표시된 지도부터 입수해야 한다.

게임을 즐길 때는 먼저 공략집을 읽어야 무기 사용법, 아이템 입수 방법을 알 수 있다. 그리고 다음 스테이지에서는 어떤 적을 만나게 될지, 어떤 공격이 효과적인지 미리 엿볼 수 있다.

필요한 건 '고생'이 아니라 '꼼수'다

인생과 사업도 마찬가지다. 일 잘하는 사람이 되고 싶고, 회사를 차려 성공하고 싶다면 우선 핵심 비법을 알아야 한다. 분명 자기 주변에는 일 잘하는 사람, 회사를 차려 성공한 사람이 많을 것이다. 혹 성공한 사람이 없더라도 그런 사람의 책을 읽거나 세미나에 참석해 성공한 사람의 핵심 비법을 얻을 수는 있다.

바로 그 비법을 알면 시행착오나 헛수고를 줄이고 목표

를 향해 곧장 전진할 수 있다. 그런데도 세상에는 앞서 언급한 학생처럼 무슨 이유인지 모르겠지만 스스로 해야만 한다는 생각에 갇힌 사람이 많다. 그러다 실패로 끝나는 사람을 많이 봐 왔다.

그러니 하나부터 열까지 자기 머리로 생각해서 움직이는 우를 범하지 말자. **먼저 성공한 사람에게 배우면 된다. 이건 절대 나쁜 짓이 아니다. 오히려 성공한 사람 중에는 적극적으로 자신의 성공 법칙을 알리고 싶어 하는 이가 적지 않다.** 부디 그런 이의 가르침을 받아 성공으로 가는 지름길을 걷기 바란다.

ⓤ Point 14

보물을 찾고 싶으면 보물의 위치가 표시된
지도부터 입수해야 한다.

2장

하기 싫은 일을 버려야
하고 싶은 일이 보인다

– '싫은 일'은 그만두고 '하고 싶은 일'을 찾는 방법

인생을 바꾸는
'싫은 일 리스트' 작성법

앞서 1장에서는 우리가 얼마나 불필요한 상식이나 생각에 사로잡혀 있는지에 관해 썼다. 즉, 당장의 계획이나 목표에 정신이 팔려 정작 일을 추진하지 못하고, 남의 시선을 과하게 의식하느라 잘못된 방식으로 시간을 낭비하고 있는지 등을 말했다.

　이런 행동을 그만둘 각오를 하고 나면 조금씩이나마 인

생에 변화가 생기기 시작한다. 그리고 '이런 건 하기 싫다'라는 욕구가 마구 솟아난다.

사람은 '좋아하는 일', '하고 싶은 일'이 무엇이냐는 질문에 답이 바로 떠오르지 않는다. 하지만 '싫어하는 일', '싫은 일'은 얼마든지 댈 수 있다. 그래서 이 장에서는 바로 '싫어하는 일', '싫은 일'을 하지 않아도 되는 방법에 관해 소개하려고 한다.

결론부터 말하면 이렇다. **'싫어하는 일', '싫은 일'을 하지 않으려면 '싫은 일 리스트'를 만들어야 한다.** "뭐? 그렇게만 하면 된다고?" 하고 놀랄 사람도 있을 것이다. 나도 리스트를 만들기 전까지는 그랬다. 그런데 앞서 밝혔다시피 나는 한 세미나에 참석해서 만들었던 '싫은 일 리스트' 덕분에 인생이 격변했다.

이후 나는 동료에게도 '싫은 일 리스트'를 만들어 보라고 권했다. '싫은 일 리스트' 덕에 그 동료들도 수억 엔의 연봉을 벌고 있다. 그렇다면 '싫은 일 리스트'는 어떻게 작성하는 것일까?

리스트를 만드는 법은 매우 간단하다. **첫째, '하기 싫다'고 떠오르는 모든 것을 조목조목 나열한다.**

'오늘 저녁밥 하기 싫다', '청소하기 싫다', '아침마다 쓰레기 내놓기 귀찮다', '이불을 장롱에 넣었다 뺐다 하기 귀찮다' 등 일상의 사소한 일부터 '출퇴근하려고 전철 타는 게 싫다', '회사 가기 싫다' 같은 심각한 일까지 뭐든 괜찮다. 모조리 쓴다.

둘째, 표에 '당장 그만둔다'와 '조만간 그만둔다' 칸을 나눈다. 뭉뚱그려 '싫은 일'이라고 하지만, 곰곰이 들여다보면 '당장 그만둘 수 있는 일'과 '당장은 그만둘 수 없는 일'이 있다. '오늘 저녁밥 하기 싫다'는 '당장 그만둘 수 있는 일'이지만, '출퇴근 전철 타는 게 싫다'는 '당장 그만둘 수 없는 일'이다. 이렇게 일단 둘로 나눈 뒤 뭐부터 그만둘지 우선순위를 정해 본다.

셋째, '싫은 일 리스트'를 눈에 잘 띄는 곳에 붙여 놓고 그
만둔 것부터 지운다. 책상 앞이든 컴퓨터나 스마트폰의 바
탕 화면이든 상관없으니 '싫은 일 리스트'를 눈길이 자주
가는 곳에 두고 의식하도록 한다.

당장 그만둘 수 없는 일을 그만두려고 너무 무리할 필요
는 없다. 그저 매일 잊지 않고 챙긴다는 생각으로 대응책
이 떠오르면 그때그때 메모한다.

'싫은 일 리스트'를 작성하는 방법은 이게 전부다. 정말
간단하지 않은가? 중요한 것은 **'싫은 일 리스트' 만드는 행
위가 아니라 리스트를 작성하는 과정에 가치가 있다.**

☺ Point 15

그만둘 각오를 하고 나면
조금씩이나마 인생에 변화가 생기기 시작한다.

STEP 1 : 하기 싫은 일을 떠오르는 족족 써 내려간다.

회사 가기 싫다 | 청소하기 싫다 | 빨래 널기 귀찮다 | 우편물 직접 받기 귀찮다 |
아침마다 쓰레기 내놓기 귀찮다 | 오늘 저녁밥 하기 싫다 | 출퇴근하려고 전철
타는 게 싫다 | 회의 들어가는 게 싫다 | 시장 보러 가기 싫다 | 이불을 장롱에 넣
었다 뺐다 하기 귀찮다

- 아무리 사소한 일이라도 신경 쓰지 말고 써 본다.
- 싫은 이유를 대략이라도 좋으니 생각하면서 쓴다.

STEP 2 : STEP 1에서 쓴 내용을 '당장 그만둔다'와 '조만간 그만둔
다'로 나눈다.

당장 그만둔다	조만간 그만둔다
· 오늘 저녁밥 하기 싫다	· 회사 가기 싫다
· 시장 보러 가기 싫다	· 청소하기 싫다
· 이불을 장롱에 넣었다 뺐다 하기 귀찮다	· 빨래 널기 귀찮다
	· 우편물 직접 받기 귀찮다
	· 아침마다 쓰레기 내놓기 귀찮다
	· 출퇴근하려고 전철 타는 게 싫다
	· 회의 들어가는 게 싫다

2장 하기 싫은 일을 버려야 하고 싶은 일이 보인다

STEP 3 : 그만둔 것부터 지운다.

당장 그만둔다	조만간 그만둔다
· 오늘 저녁밥 하기 싫다	· 회사 가기 싫다
⇨ **오늘은 외식**	· 청소하기 싫다
· 시장 보러 가기 싫다	⇨ **수입이 늘면 가사 대행 서비스를 이용**
⇨ **모조리 인터넷으로 주문**	· 빨래 널기 귀찮다
· 이불을 장롱에 넣었다 뺐다 하기 귀찮다	⇨ **빨래는 모두 세탁소에**
⇨ **침대를 구매**	· 우편물 직접 받기 귀찮다
	⇨ **우편물 수거함을 설치**
	· 아침마다 쓰레기 내놓기 귀찮다
	⇨ **24시간 쓰레기 배출이 가능한 곳으로 이사**
	· 출퇴근하려고 전철 타는 게 싫다
	· 회의 들어가는 게 싫다

- ● 하루 한 번은 꼭 본다.
- ● '조만간 그만둔다' 항목도 해결책이 떠오르면 메모해 둔다.
- ● 정기적으로 목록을 정리한다.

처음부터 내키지 않는 일은
확실하게 거절해라

조금이라도 껄끄러운 일은
절대 그냥 넘기지 마라

'싫은 일 리스트'를 만들다 보면, '애초에 그걸 왜 떠맡았을까?' 싶은 생각이 드는 일이 대부분일 것이다.

'그다지 친하지도 않은데 결혼식에 나를 왜 초대한 거지? 간다고는 했지만······', '그 사람, 열심히 일하겠다고 했는데, 영 믿음이 안 간단 말이야', '후배가 거래처에 같이 가달라고 부탁하는데 왠지 가기가 싫네' 등등.

여기에는 처음 이야기가 나왔을 때 '이렇다 할 이유도 없이 썩 내키지 않았던 일'이라는 공통점이 있다. 그런 경우, **사실 마음은 'NO!', 다시 말해 '하기 싫어!'라고 이미 반응했다.** 하지만 거절하기 미안해서 승낙했고, 조건이 좋아서 잘됐다고 생각했다.

'싫은 일 리스트'를 만들 때 중요한 것 중 첫 번째 포인트는 바로 **'사소한 껄끄러움'을 찾아내는 것이다.** '어쩐지 내키지 않네……' 하면서 받아들였던 일, 마음이 선뜻 생기지 않아 망설여지면서도 억지로 끌고 나가는 일은 없는지 놓치지 말고 리스트에 반영해야 한다. 그 껄끄러움이 나중에 크나큰 수렁이 되어 이도 저도 못하는 상황으로 몰아넣을 수 있다.

내가 아는 부자들은 '불길한 예감'을 중시한다. 그들은 그 예감은 결국 들어맞는 법이라고 생각한다. 그래서 그런 생각이 들 때는 어떤 상황도 쉽게 받아들이지 않고, 추진하지 않는다.

'싫은 일 리스트'를 만들 때 두 번째 포인트는 **'할 수 있는지 없는지로 판단하지 마라'**다. 예를 들어 '싫은 일 리스트'에 '출퇴근하려고 전철 타는 게 싫다'를 쓴다고 가정해 보자. 리스트에 적으려는 순간 이런 생각이 든다.

'출퇴근을 위해 전철 타는 게 싫다는 말은 회사를 그만둬야 한다는 말이잖아? 얼마 전에 구입한 집을 또 옮길 수도 없고. 이런 건 적어 봐야 이룰 수가 없지. 불가능해.'

그래서 적으려다 만다. 하지만 이때 중요한 것은 **'할 수 있는지 없는지가 아니라 무엇이 하고 싶고 하기 싫은지를 기준으로 삼아야 한다'**는 것이다.

가령 방 청소를 하기 싫다고 해 보자. '할 수 있는지 없는지'를 기준으로 따진다면 두말할 필요 없이 '할 수 있는' 일이다. 이처럼 모든 것을 '할 수 있는지 없는지'로 판단하면, 종국에는 할 수 있으니 해 버리는 결과에 이르게 된다.

뿐만 아니라 인생은 '하기 싫지만, 해야지'로 꽉 차게 된다. 앞에서 '싫은 일 리스트'는 만드는 행위보다 만드는 과정에 가치가 있다고 언급했다. 만약 정말로 출퇴근 전철을 타기 싫다면 '할 수 있는지 없는지'가 아니라 '타지 않으려면 어떻게 해야 할지'를 생각해야 한다.

⎯⎯⎯⎯⎯ ☺ Point 16 ⎯⎯⎯⎯⎯

부자들은 '불길한 예감'을 중시한다.
사소한 껄끄러움이라도 느껴지면 과감히 쳐내라.

회사쯤은 언제든지
관둘 수 있다는 배짱을 가져라

출퇴근 전철이 타기 싫은
진짜 이유를 알아야 한다

'어떻게든 출퇴근 전철을 타지 않을 방법'에 대해 간단한 해결책이 있다. 회사 근처에 사는 것이다.

이 방법은 나도 써 봤지만, 대단히 효과적이다. 북적이는 인파를 견디지 않아도 되고 출퇴근 시간도 거의 걸리지 않는다. 막차 걱정을 할 필요도 없으며 전철 운행 시간표에 신경을 곤두세우지 않아도 된다. 그야말로 출퇴근에 관

2장 하기 싫은 일을 버려야 하고 싶은 일이 보인다

한 스트레스는 제로에 가깝다.

만약 '출퇴근 전철을 타는 게 싫다'는 항목이 '싫은 일 리스트'의 1순위라면 집을 팔아서든, 집세로 내는 비용을 조금 늘리든 시도해 볼 만한 가치가 있는 훌륭한 방법이다. 하지만 살짝 의문도 든다. 사실 자신이 정말로 원하는 것은 '출퇴근 전철을 타지 않는 것이 아니라 다른 무엇이지 않을까?' 하는 생각이다.

단순히 출퇴근 전철을 타기 싫은 게 전부라면 '회사 근처에 살기만 하면' 문제는 해결된다. 그런데 이면에는 그렇게 해서라도 회사에 가고 싶지 않거나 성가셔 하는 속내가 숨어 있다.

상사의 지시를 받기 싫다, 직장 동료와 접촉하기 귀찮다, 고객 대하기가 힘들다, 매일 같은 시간에 일어나기도 싫다, 노력해도 연봉이 오르지 않는다, 클레임 걸려서 스트레스가 쌓인다, 개성이 무시되는 양복 차림이 싫다······ 등등. 이런 불만이 '출퇴근 전철 타는 게 싫다'에 집약된 것일 수도 있다. **그래서 나는 '직장을 그만둘 것'을 권한다.**

직장 생활을 해 본 사람으로서 내가 할 수 있는 이야기는
'직장 생활을 지속하는 장점은 사회적인 신용과 안정' 정도
밖에 없다. 따라서 직장에 속한 이상 그 사람의 시장 가치
는 극단적으로 말해 제로라는 것이다.

인재도 하나의 상품이라 간주하면 이해가 빠를 것이다.
자신의 몸을 상품으로 보고 시장 가치를 매길 경우, '모두
똑같다'는 전제가 있는 한 직장인은 그 가치가 절대 높지
않다. 다른 상품과 차별화되지 않기 때문이다. 물론 직장
인 중에도 엄청난 능력자가 있다. 또한 조직 안에서 눈부
신 결과를 내는 사람도 있으니 모든 이에게 가치가 없다고
할 수는 없다.

그러나 일반적으로 회사에 적을 둔 직장인은 창업한 사
람이나 프리랜서와 비교해 가치를 따지기 어려워서 시장

가치를 매기기 어렵다는 단점이 있다. 게다가 요즘은 종신 고용의 붕괴로 인해 직장인의 믿는 구석으로 꼽던 신용과 안정이라는 가치마저도 크게 흔들리고 있다. 아무리 회사에 몸 바쳐 일해도 언제 구조 조정 당할지, 회사가 언제 도산할지 알 수 없다.

만약 상황이 그리 되면 시장 가치가 높지 않은데 준비도 없이 시장 원리가 적용되는 세계로 방출되는 셈이니 직장 생활을 했던 장점은 온데간데없이 사라진다. 시장 가치는 높지 않고, 신용과 안정까지 보장되지 않는 직장인이라는 신분……. 사실 나는 어째서 다들 직장을 그만두지 않는지 신기할 정도다. 개중에는 '내가 없으면 부서가 안 돌아가!' 라고 외치며 온몸에 열이 펄펄 끓어도, 눈보라가 몰아쳐도 출근해서 존재감을 과시하는 사람이 있다. 하지만 직장에서 그를 대신할 사람은 얼마든지 있다.

지금 다니는 회사에 '5년 뒤, 10년 뒤에 저 사람처럼 되고 싶다'는 롤 모델이 없는가? 그렇다면 여러분은 **직장인은 안**

정적이라는 환상을 지금 당장 버리고 회사를 그만두는 선택지를 늘 손에 들고 있어야 한다.

— ☺ Point 17 —

출퇴근 전철을 타기 싫다면
'타지 않으려면 어떻게 해야 할지'를 고민해야 한다.

월수입은 월급이 아니라
시급으로 따져라

'싫은 일 리스트'를 만들 때 세 번째 포인트는 **'시급 기준으로 판단하라'는 것이다.** 어떤 일을 '하고 싶은지, 하기 싫은지' 따질 때 그 일을 통해 벌 수 있는 금액이 얼마나 되는지는 중요한 판단 기준이다.

이때 많은 사람이 한 달 또는 1년 수입을 지표로 삼는데, 나는 '시급으로 따지기'를 추천한다. 월급을 아무리 많이 받아도 야근과 주말 출근이 잦은 회사에 들어가면 자기 시간을 갖기 어렵기 때문이다. 다시 말해 가성비가 나쁘다는 뜻이다.

회계법인에서 일하던 시절 나는 동년배 친구보다 훨씬 더 많은 월급을 받았다. 하지만 야근과 주말 근무도 많았던 탓에 일주일 가운데 내가 자유롭게 쓸 수 있는 시간은 거의 없었다. 날마다 소처럼 일하느라 시간적, 정신적 여유가 없었을 뿐만 아니라 무엇을 위해 일하는지도 모르는 지경에 이르렀다.

월급을 분석하면 '하기 싫은' 기준이 명확해진다

사람마다 원하는 시급은 다 다르겠지만, 예를 들어 편의점이나 외식업계에서 아르바이트하면 시급은 1천 엔 안팎이다. 한편 직장인도 월급 30만 엔인 사람이 하루 7시간, 주 35시간 일한다고 하면 매달 노동시간은 170~180시간이 되고 시급으로 환산하면 2천 엔도 되지 않는다.

그렇다면 시급 2천 엔 이하인 일은 '하지 않겠다' 또는 '하기 싫다'는 기준을 세울 수도 있다. 즉, **일의 내용과 그 일에 들이는 시간이 합당한지를 시급으로 판단한다는 것이다.**

지금 매달 상당한 수입을 올리더라도 정신적인 자유와 시간적 자유를 포기하는 데 대한 대가로 그 수입이 합당한지를 '시급 기준'으로 따져 보기 바란다. '연봉, 월수입, 주급, 일급, 시급……. 수입은 총액이 아니라 나눗셈으로 따져야 한다.

'싫은 일'을 그만두기 위한
마음가짐 3가지

싫은 일은 죽어도 하지 않겠다는 열정

나는 '싫은 일'을 하지 않으려 할 때 중요한 마음가짐으로 세 가지를 든다. **'열정', '인내', '겸손'이다. 이 중에서도 가장 중요한 것은 '싫은 일을 어떻게 해서든 하지 않겠다'는 열정이다.**

열정이 없으면 하고 싶지도 않은 일을 지루하게 지속해야 한다. 그러니 열정을 끌어모아 현재 타성으로 하고 있는 일을 멈춰야 한다.

물론 모든 열정은 욕조에 받아 놓은 물처럼 시간이 지나면 식게 마련이다. 그렇기에 열정 다음으로 필요한 것은 '인내'다. **무슨 일을 하든 지금껏 해 온 일을 '그만두지 않는' 것은 생존을 위한 최대의 무기다.**

싫은 일을 관두는 데도 뚝심이 필요하다

나는 인생은 '탈락 게임'이라고 자주 말한다. 인내심을 갖고 계속하다 보면 주변 사람은 어느새 하나둘 떨어져 나가고 마지막에 남은 사람이 승자가 되기 때문이다. 그래서 강한 인내심으로 버틸 수 있는지 없는지가 성공 여부를 결정짓는 일대 분기점이 된다.

대부분 결과가 나오지 않으면 더 해 보지도 않고 그만두는데, 성공한 사람은 뚝심으로 버틴다. 중도에 **그만두지만 않는다면 언젠가 결과가 나온다는 것을 알기 때문이다.** 부디 '하기 싫다', '하지 않겠다'고 정한 일을 이룰 때까지 인내하기 바란다.

세 번째는 '겸손'이다. 사람은 큰 목표를 이루고 나면 자신도 모르는 사이에 자만하고 우쭐해지기 마련이다. 나는 창업 1년 차에 4500만 엔을 벌었다. 다음 해에는 매출은 8800만 엔으로 늘었지만, 이익률은 86퍼센트에서 64퍼센트로 줄어드는 경험을 했다. 원인은 자만심이었다. 그때 배운 게 있다. **주변 사람이 대단하게 여기는 일을 이뤘다 해도 '나는 아직 멀었다'고 생각할 것, 그리고 늘 '불완전한' 상태를 인식하고 겸손을 잃어서 안 된다는 것이었다.**

요즘 나는 '출판 판매부수 누계 1백만 부'를 목표로 삼고 있는데, 1백만 부를 달성하면 다음은 2백만 부, 3백만 부를 목표로 달리려 한다. 달성한 목표에 안주하지 않고 겸손을 유지하면서 실현 불가능해 보이는 꿈을 끝없이 좇을 생각이다.

☺ Point 19

싫은 일을 관두는 데도 열정이 필요하다.
그 열정을 끌어모아 타성으로 하고 있는 일을 멈추자.

하기 싫은 일을 버리면
하고 싶은 일이 보인다

결정은 단 3초 안에 끝내야 한다

성공하는 사람은 결단이 빠르다고 한다. 나도 모든 결정을 단 '3초' 안에 끝낸다. 어떻게 그럴 수 있을까?

내가 하고 싶은 일, 하기 싫은 일을 명확히 해 두기 때문이다. 이쯤에서 내가 직장인 시절에 썼던 '싫은 일 리스트'를 소개한다.

① 출퇴근 전철을 타기 싫다.

② 야근하기 싫다.

③ 회의에 들어가기 싫다.

④ 파벌에 속하기 싫다.

⑤ 인맥을 만들기 위한 술자리, 식사 자리에 가기 싫다.

⑥ 빨래하기 싫다.

⑦ 청소하기 싫다.

⑧ 우편물을 직접 받기 싫다.

⑨ 동전을 들고 다니기 싫다.

⑩ 편의점 가기 싫다(좋아하지 않는다).

리스트를 작성한 다음 들여다보니 ①~⑤는 일과 관련한 사항, ⑥~⑧은 집안일과 관련한 사항이다.

그러니까 **리스트에 적힌 일을 그만두려면 결국 '직장 생활을 그만두고', '집안일을 누군가에게 맡겨야 한다'는 사실을 확실히 깨달았다.**

그때부터 내 인생은 맹렬하게 움직이기 시작했다. 회사

에 적을 둔 상태로 부업을 시작했다. 부업으로 먹고살 수 있겠다는 판단이 설 무렵 과감히 퇴사를 결정, 곧이어 내 회사를 창업했다.

그 덕에 첫해 4500만 엔을 벌었고, 다음 해에는 8800만 엔, 3년 차에는 1억 5천만 엔…… 4년 차 이후로는 4년 연속 1억 엔 이상의 수입을 거두었다. 월수입 50만 엔을 넘고 3년 이 지났을 때부터는 가사 대행 서비스도 이용하게 되었다.

싫은 일을 하지 않기 위해 어떻게 해야 하는지 철저히 파고 들다 보면, '하기 싫은 일'의 반대편으로 정말 '하고 싶은 일' 이 시야에 들어온다.

앞서도 밝혔지만 나의 경우는 '출퇴근 전철을 타기 싫 다', '야근하기 싫다', '회의에 들어가기 싫다', '파벌에 속하 고 싶지 않다', '인맥을 만들기 위한 술자리, 식사 자리에 가 기 싫다' 같은 생각이 아주 강했다. 그래서 세계적으로 손

꼽히는 기업도 박차고 나올 수 있었다.

이처럼 '○○만큼은 절대 하고 싶지 않다'는 생각이 강하면 강할수록 '하고 싶은 일'이 명확해지고 거대해진다.

나는 어릴 때부터 부자가 되겠다는 꿈을 안고 자랐다. 하지만 '싫은 일 리스트'를 만들기 전까지는 그저 막연할 따름이었다. 리스트를 작성함으로써 '부자가 되고 싶다'는 생각이 뚜렷해졌고, '망상인가?' 싶을 정도로 부자가 되고 싶은 욕심이 커졌다.

그런 경험을 했기 때문에 나는 '싫은 일 리스트'를 만들어서 하고 싶은 일이 명확해지고 나면, 하고 싶은 일을 망상이라 부를 만큼 부풀린 다음 현실로 바꾸기 위해 꾸준히 노력하게 된다고 생각한다.

이왕 망상에 빠질 거라면 '공격적인 망상'이 좋다. 어차피 꿈이라면 남들이 "제정신이냐?"라고 물을 정도로 크게 꾸는 편이 좋지 않은가?

망상은 그만큼 크면 클수록 좋다. 개인적으로는 남들이

97

2장 하기 싫은 일을 버려야 하고 싶은 일이 보인다

'쟤, 과대망상증인가 봐!'라고 생각할 정도가 딱 좋다고 본다. 정도가 약하면 그것은 '망상'이 아니라 '목표'일 뿐이다. 부디 '싫은 일 리스트'를 만든 뒤에는 하고 싶은 일을 망상해 보기 바란다.

1만 명 중 한 명꼴의 부자가 된 이유는 무엇일까

고등학교 때 나는 일본 최고의 명문 사립인 와세다(早稲田) 대학이나 게이오기주쿠(慶應義塾) 대학에 가고 싶어 했다. 그런데 당시 내가 다니던 학교를 알고 나면 누구나 내가 농담한다고 생각할 정도로 우리 학교는 학생들이 기피하는 하위권에 속했다.

결과적으로 삼수를 해서도 게이오기주쿠 대학에는 불합격하고 리쓰메이칸 대학에 진학했다(리쓰메이칸 대학도 사립대학 중에서는 상위권이다-옮긴이 주). 리쓰메이칸 대학도 우리 학교 20년 역사상 일반 전형으로 합격한 학생은 내가 유일했다.

우리 학교는 매년 졸업생을 4백 명씩 배출했다. 그러니 20년 동안 8천 명이 졸업했을 것이고, 나는 8천 분의 1이라는 확률로 리쓰메이칸 대학에 합격한 학생이라는 계산이 나온다.

자랑하려는 게 아니다. 고등학교 때부터 8천 분의 1이라는 낮은 확률의 망상을 품고 살았다고 이야기하려는 것이다. 나는 그때도 '싫어하는 것'은 철저히 일상생활에서 몰아내고 합격을 향해 온 힘을 다해 공부했다.

연봉 1천만 엔인 사람은 1천 명 중에서 둘, 연봉 1억 엔인 사람은 1만 명 중에서 하나라는 자료를 본 적이 있다. 나는 현재 연봉 1억 엔 이상을 번다. 불과 15년 전까지 소위 '똥통 학교'에 다니던 내가 지금은 1만 명 가운데 한 명의 확률에 드는 것이다.

나는 아무리 확률이 낮아도 내가 그중 한 사람이 되겠다는 굳건한 각오만 있으면 반드시 이룰 수 있다고 믿는다. 물론 그 1만 분의 1이 되라고 할 생각은 없다.

하지만 한 번뿐인 인생이다. 누구나 이룰 수 있는 일을 목표로 삼기보다는 누구도 힘든 '공격적인 망상'을 품고 돌진하기. 이거야말로 '하기 싫은 일'을 하지 않아도 되게 만드는 크나큰 원동력이라고 믿는다.

😊 Point 20

'○○만큼은 절대 하고 싶지 않다'는 생각이 강할수록
하고 싶은 일은 더욱 명확해진다.

눈에 보이는 숫자를
절대 믿지 마라

퍼센트나 경쟁률은 실태를 나타낼 수 없다

연봉 1억 엔인 사람은 1만 명 중에서 한 명이라고 했다. 그럼, 나머지 9999명은 모두 연봉 1억 엔을 향해 노력하는 사람들일까? 그렇지 않다. 예를 들어 와세다, 게이오기주쿠 대학은 학부에 따라 경쟁률이 10대 1을 넘지만, 지원자 전원이 와세다, 게이오기주쿠 수준의 학력을 갖추고 있지는 않다.

모르긴 몰라도 절반은 시험을 보는 데 의의를 두는 사람, 떨어져도 아쉬울 것 없는 사람이다. 그러니까 같은 수준의 경쟁자만 따지면 실질 경쟁률은 2~3대 1 정도밖에 되지 않는다. 겉으로 드러난 숫자만 보고 위축되어 망상을 그저 그런 목표 정도로 끌어내려서는 안 된다.

숫자에 유혹되지 마라

마찬가지로 '평균'에도 속으면 안 된다. 열 명 중에 아홉 명의 연봉이 500만 엔이고 나머지 한 명의 연봉이 1억 엔이라고 하자. 합계는 1억 4500만 엔. 이를 10으로 나누면 1인당 평균 연봉은 1450만 엔이다.

　이렇게 놓고 보면 열 명 중에서 아홉 명은 평균 이하다. 게다가 아홉 명의 연봉은 모두 평균의 절반은커녕 3분의 1 수준에 불과하다.

　이것이 숫자의 역설이다. 나는 자산 형성 전문가로서 부동산 투자 컨설팅 일도 한다. 직장인의 평균 연봉이 450만 엔이라고 하는데 부동산 투자를 하고 싶다고 나를 찾아오는 사람 중에는 연봉 300만 엔대도 상당수 있다.

요컨대 통계를 맹신하지 말라는 얘기다. 많은 사람이 확률이 낮으면 '무리'라고 여겨서 도전도 하지 않는 경향이 있는데, 그래서는 안 된다. 숫자에 휘둘려서 자신의 꿈을 축소하지 말아야 한다.

--- ☺ Point 21 ---

숫자에 휘둘려서 자신의 꿈을 축소하지 말아야 한다.

페라리가 갖고 싶다면
페라리를 시승해 보라

나는 현재 전속 운전기사를 고용한 상태다. 고용한 시점이
창업 후 7년 정도 지났을 때니까 최근 일이다. 사실 꽤 오
래전부터 전속 운전기사가 있으면 좋겠다고 느꼈다. 하지
만 막상 기사를 고용하려고 하면 그때마다 '내 수준에 사
치 아닌가?' 하는 생각이 고개를 들어 좀처럼 실행으로 옮
기지는 못했다.

104

그러던 어느 날 기업을 운영하는 한 지인과 회식을 했는데, 자리가 파한 뒤 그가 나를 집까지 데려다 준 적이 있었다.

그의 차에는 전속 운전기사가 있었다. 어찌나 운전을 잘하는지 운전 솜씨가 가히 일품이었다. 조용하고 부드러운 출발, 차가 달리는지 멈췄는지도 모를 정도로 편안한 주행, 언제 도착했는지 알아차리지 못할 정도로 매끄러운 정차. 그날의 쾌적함은 정말이지 깜짝 놀랄 만한 체험이었다. 감탄한 나는 얼마 되지 않아 전속 운전기사를 고용했다.

머릿속 망상을 현실로 바꾸는
의외의 방법

이처럼 '좋아 보이네……' 싶은 일은 맛보기 정도라도 좋으니 체험해 봐야 한다. 예를 들어 페라리라는 고급 외제차가 갖고 싶으면 실제로 페라리 판매점에 가서 시승해 보라는 말이다. 나 역시 이탈리아 럭셔리 자동차 마세라티를 시승했다가 실제 구매까지 한 경험이 있다.

초고층 타워에 살고 싶으면 내부 구경을 하러 가면 된

다. 나는 직장인 시절부터 초고층 타워의 저층에 살면서 (저층은 고층보다 집세가 싸다) 엘리베이터를 타고 내려오는 고층 부자들의 행동거지를 연구했다. 물론 지금은 고층에 살고 있다. 그러니 여러분도 무모해 보일지 모르는 일이라도 일단 체험해 볼 것을 권한다.

직접 체험하면 망상이 현실로 변한 뒤에 펼쳐지는 생활을 보다 구체적으로 떠올릴 수 있다. 망상을 일상에 최대한 반영해서 현실로 이루려는 노력이 저절로 드는 것을 경험하게 될 것이다.

단순한 사람이
오히려 좋은 결과를 내는 이유

나는 성격이 단순한 사람이 망상을 현실로 바꾸기 쉽다고 생각한다. 그런 사람은 바로바로 행동으로 옮기기 때문이다.

예를 들어 어떤 일을 추진하려고 하는데 매사에 신중한 사람은 열 시간 동안 생각하고 한 시간 행동으로 옮긴다. 하지만 단순한 사람은 생각만 하면 무슨 소용이 있느냐며

열한 시간 동안 실제 행동으로 옮긴다. "열 번 찍어 안 넘어가는 나무 없다"는 말처럼 실행하는 횟수가 많을수록 결과를 낼 확률이 높아지는 것은 당연지사다.

최근 떠오르는 유튜버들의 성공 사례가 그 대표적인 예이다. 보통은 여러 사람 앞에 나서면 부끄러워 행동으로 옮길 엄두를 내지 못한다. 하지만 생각이 단순한 사람은 남의 시선 따위 신경 쓰지 않고 쓱쓱 촬영해서 인터넷에 올린다. 다시 말해 유튜브에 자신이 만든 콘텐츠를 업로드하는 유튜브 크리에이터처럼 **남이 안 하는 일에 용감하게 도전하고 인터넷 사이트에 콘텐츠를 올리는 사람이 성공하기 쉬운 것이다.**

─── ☺ Point 22 ───

'좋아 보이네' 싶은 일은 맛보기 정도라도 좋으니
직접 체험해 보자.

'나우 월드'가 아니라
'뉴 월드'에 살아라

5년 뒤, 10년 뒤, 20년 뒤,
어떤 모습으로 살고 싶은지 생각하자

내가 자주 쓰는 표현 중에 '나우 월드'와 '뉴 월드'가 있다. 나우 월드는 현재 세계이고 뉴 월드는 신세계다.

대학 신입생을 예로 들면 그들의 나우 월드는 대학 1학년, 뉴 월드는 대학 졸업 후다. 대학 시절, 나의 뉴 월드는 취직, 해외, 자격증이었다. 학생 신분인 나에게 취직은 곧 사회에 나가 일하는 것을 의미했으니 그야말로 신세계로 들어가는 입구처럼 느껴졌다.

또 그때까지 줄곧 일본에 살았기 때문에 해외도 뉴 월드를 떠오르게 하는 감미로운 단어였다. 자격증도 나를 새로운 무대로 꾀어내는 매혹적인 단어였다. 취직한 뒤에는 이직, 창업 같은 뉴 월드를 머릿속에 그렸다. 말하자면, **막연하기는 했어도 언제나 5년 뒤, 10년 뒤, 20년 뒤에 내가 어떤 모습으로 살고 싶은지를 생각했던 것이다.**

뉴 월드를 사는 사람은 조금 앞서 걷는다

많은 사람이 집과 회사를 왔다 갔다 하는 이른바 나우 월드의 인생에 빠져 산다. 그런데 '나의 뉴 월드는 뭘까? 3년 뒤, 5년 뒤에 어떤 세계에 살면 즐거울까?'를 떠올리기 시작하면 인생은 확연히 달라진다. **뉴 월드를 향해 행동하기 시작했더니 어느새 실제로 뉴 월드가 나우 월드로 변하게 되는 것이다.**

뿐만 아니라 **나우 월드가 아니라 뉴 월드에 속한 사람을**

사귀어야 한다는 점도 잊어서는 안 된다.

나우 월드를 사는 사람은 대부분 같은 환경에서 비슷한 마음가짐으로 살기 때문에 함께 있으면 마음이 편하다. 하지만 뉴 월드에 속한 사람은 조금 앞서 걷기에 함께 있으면 처음에는 불편할 수도 있다.

그렇지만 눈에 보이지 않는 세계를 앞서 보는 사람과 함께하면 새로운 즐거움을 배울 수 있다. 부디 주눅 들지 말고 뉴 월드를 살아가는 사람을 가까이하기 바란다.

행동의 양과 속도가 중요하다

망상을 현실로 바꾸기 위해서는 **행동의 양과 속도가 정말 중요하다.** 먼저 행동해야 결과도 많이 낼 수 있으며, 남보다 빨리 생각하고 시작해야 결과도 빠른 속도로 낼 수 있다. 공부도 일찍 시작해야 경쟁력이 생기는 것처럼 무슨 일이든 시작이 빠르면 많은 경험을 쌓을 수 있다.

간혹 "행동만 하면 뭐하나? 질적인 변화가 따라야지!" 하는 사람도 있지만, 그 말은 틀렸다. **세상 모든 일은 양적**

증가가 따라 주지 않으면 질적인 성장이 보장되지 않는다.
아무리 평범한 사람도 많은 돈을 투자하고 오랜 시간을 들여 목적에 따라 행동하면 틀림없이 결과를 낼 수 있다.

무언가 행동을 시작하면 그 시점에서 이미 '이건 다른 사람에게 배우는 게 좋다', '이렇게 하는 게 효율적이다' 등을 깨닫게 된다. 과정을 통해 행동이 개선되어 결과로 이어지기 때문이다. 대신 깨달음을 얻기 위해서는 어느 정도 양을 소화해야 한다. 원하는 결과를 얻으려면 남보다 일찍 시작해 많은 시간을 쏟아부어야 한다는 사실을 반드시 기억하자.

☺ Point 23

남보다 빨리 생각하고 시작해야 결과도 빠른 속도로 낼 수 있다.

남의 손을 빌릴 줄도
알아야 한다

다른 사람에게 일을 맡기고
자기 시간을 늘리는 법

성공한 경영자는 크게 일류 경영자, 이류 경영자, 삼류 경영
자로 나눌 수 있다. 이들에게는 다음과 같은 특징이 있다.

우선 삼류 경영자는 자기 혼자 우수하다. 그래서 그 사
람이 없으면 회사가 돌아가지 않는다. 자신이 할 줄 아는
일을 주변 사람도 할 수 있도록 교육하거나 시스템화할 줄
모르기 때문이다.

이류 경영자는 자신 외에 오른팔에 해당하는 사람이 있고, 이 두 사람만이 우수하다. 경영자는 그의 오른팔이 자기 일을 보조하도록 한다. 마지막으로 일류 경영자는 자신은 물론 주변 사람 모두가 우수하다. 윗사람이 아랫사람을 교육하고, 그 아랫사람은 신입을 교육한다. 이들이 구성하는 조직에는 경영자가 없어도 아랫사람이 자기 판단으로 일을 진행하는 시스템이 형성되어 있다.

성공하려면 이처럼 주변에 일을 맡길 수 있는 스킬 관리, 나아가 주변 사람이 자신과 같은 일을 할 수 있도록 키우는 노하우가 필요하다. **자기 일을 맡길 수 있게 되면 자기 시간을 점점 늘릴 수 있기 때문이다.**

물론 자신이 할 수 있는 일을 가르친다고 상대가 금방 그 일을 소화할 수 있으리라고 기대하기는 어렵다. 참을성 있게 가르치고 본보기를 보여 주면 머지않아 일을 맡겨도 되는 수준이 된다. 그게 핵심이다.

남에게 일을 맡길 때는 **상대와 충분히 소통해야 한다.** 잘 가르치는 사람은 상대가 묻는다고 해서 바로 답해 주지 않는다.

가르치기 전에 스스로 깨닫게 하고, 생각하게 하는 시간을 갖게 한다. 그런 다음 상대가 어떻게 생각했는지, 무엇을 깨달았는지를 묻고 '바로 그거야!'라는 식으로 가르친다. 이게 바로 가르치는 테크닉의 핵심이다.

사람을 가르칠 때는 '테크닉'보다 '마음가짐'이 중요하다. 가르치는 사람이 아무리 잘 가르쳐도 배우고자 하는 사람이 노력하지 않으면 효과를 거둘 수 없다. 그래서 가르치는 사람에게는 상대를 온전히 **'믿는 힘'**이 필요하다.

'얘는 안 돼'라고 생각하는 순간, 상대에게도 그 마음이 바로 전해진다. '언젠가는 해낼 것이다'라고 믿어야 상대가 성장한다. 그래야 안심하고 일을 맡길 수 있는 사람이 될 수 있다.

성공하기 위해 일을 잘하는 것만큼이나 중요한 게 바로 남에게 일을 맡기는 것이다. 하지만 나이와 성별, 가치관이 다른 사람들과 함께 일한다는 것은 생각만큼 쉽지 않다. 그러니 남에게 일을 맡길 때는 소통과 신뢰, 단 두 가지만 확실하게 기억하자.

☺ Point 24

남의 손을 잘 빌리는 사람일수록 더 빨리, 더 쉽게 성공할 수 있다.

가끔은 스스로
벼랑 끝에 서 보라

물러설 곳이 없으면 과감해진다

나는 회계법인에 입사한 지 3년째 되는 해 10월에 창업을 결심했다. 그리고 10월부터 부업을 겸하면서 최대한 저축해 다음 해 1월 사표를 내고 3월에 정식으로 회사를 나왔다. 재미있게도 사표를 내고 나니 부업으로 벌어들이는 돈이 전보다 늘어났다. 1월부터 3월 사이에 번 돈은 대략 400만~500만 엔에 달했다.

지금 돌이켜보면 '사표는 냈지만, 집세가 싼 곳으로 이사 가기 싫고 생활의 질도 떨어뜨리기 싫다. 그러니 나는 일을 해야 한다'라고 자신을 궁지로 몰아넣었던 것 같다.

실제로 나 뿐만이 아니라 많은 사람들이 본업인 직장을 다니면서 부업을 할 때는 상대적으로 정신적인 스트레스가 적다. 그런 상태로 부업을 하면 1년 뒤, 2년 뒤에는 부업을 그만두는 경우가 압도적으로 많다. **역시 사람은 퇴로를 차단해야 각오가 단단해진다.**

실패할 수 있는 것도 행운이다

본업과 부업을 병행하다 보면, 언젠가는 양단간에 결단을 내려야 하는 때가 온다. 나도 '회사를 계속 다녀야 하나, 그만둬야 하나'를 고민하던 10월부터 3개월 사이에는 수입이 그저 그랬다. 그러다가 사표를 내고 나서 수입이 폭발적으로 늘었다.

물론 10월부터 석 달 이상 해 왔으니 그 영향이 아니냐고 할 수도 있다. 그렇지만 내가 느끼기로는 '후퇴할 수 없다. 생각대로 밀고 나갈 수밖에!'라는 정신적인 변화가 컸다고 본다. 사실 무언가 믿는 구석을 두고 새로운 일에 도전하는 것이 나쁘다고는 할 수 없다. 아무런 행동도 하지 않는 사람과 비교하면 하늘과 땅만큼 차이가 난다고 해야 할 것이다.

그럼에도 불구하고 본업과 부업을 병행하는 기간은 가급적이면 짧아야 한다는 것이 내 생각이다. 위급한 상황에 처하게 되면 초인적인 힘이 불끈불끈 솟는 것처럼 사람은 막상 어려움이 닥치면 평소에는 생각지도 못한 능력을 발휘한다.

게다가 궁지에 몰려서야 드러나는 능력도 있는 법이다. 그러니 실패를 두려워하지 말고 과감히 부딪쳐 볼 일이다. 실패하면 다시 도전하면 된다. 바닥부터 다시 시작하겠다는 각오만 있다면 무슨 일이든 할 수 있다. 더욱이 본업인 직장을 다니면서 부업부터 시작할 만큼 신중한 사람이라면 바닥까지 떨어질 일도 없다.

나는 실패할 수 있는 것도 행운이라고 여긴다. 그래서 실패했을 때는 '잘못된 방법을 또 하나 배웠다' 생각하고 재차 도전한다. 게임이라면 전원을 도중에 껐다 다시 시작하면 되겠지만, 인생은 그렇지 않다. 한 번 사는 인생이다. 바라건대 꼭 실패를 두려워하지 말고 용기를 내어 '하기 싫은 일을 하지 않는 인생', '정말로 하고 싶은 일을 하는 인생'에 도전하기 바란다.

--- ☺ Point 25 ---

바닥부터 다시 시작하겠다는 각오만 있다면
무슨 일이든 할 수 있다.

3장

최고의 하루가 모이고 모여
원하는 인생을 만든다

– 매일매일을 하고 싶은 일들로 채우는 법

하고 싶은 일만 하는
하루를 만들어라

사람들은 1년을 365일이라고 생각한다. 그렇지만 나는 **'1년은 최고의 하루×365일'**이라고 생각한다.

예를 들어 대부분 만원 지하철은 싫지만 하는 수 없이 붐비는 지하철을 타고 회사에 출근하고, 하기 싫어도 휴일에는 방 청소와 빨래하기를 반복하는 일상을 보낸다. 이건 '하기 싫은 일'을 타성에 젖어 매일 해치우는 데 불과하다. 다시 말해 그들의 1년은 '타성에 젖은 하루×365일'이고, 그

365일은 최고의 하루가 아니다.

우선은 **'싫은 일을 하지 않아도 되는 하루', '하고 싶은 일만 하는 하루'를 만드는 게 중요하다. 그리고 그것을 자신만의 루틴으로 만들어야 한다.** 실제로 성공한 사람은 날마다 '최고의 하루'를 살아간다.

인생에서 우선순위는 필요 없다

사람은 선택지가 많으면 많을수록 갈피를 못 잡는 동물이다. 예컨대 무인도에 떨어지면 어느 식당에 갈지 헤맬 일이 없다. 물고기나 나무 열매를 먹는 길 외에 다른 선택지가 없으니까 말이다.

하지만 우리는 어떤가? 밥 한번 먹으려면 '점심에는 면이 좋겠지?', '아냐. 카레나 먹을까?', '안 되겠다. 이 친구가 카레를 싫어한다고 했지. 그럼 어쩐다?' 등 결정을 내리지 못하고 망설이기 일쑤다.

유명한 얘기지만, 스티브 잡스는 날마다 뭘 입을지 선택하고, 결정하는 데 신경을 쓰지 않으려고 매일 같은 차림인 검은색 터틀넥 티셔츠와 청바지, 그리고 뉴발란스 운동화를 신었다고 한다.

흔히 '우선순위가 중요하다'라는 말을 한다. 물론 중요하고 긴급한 일부터 해야 한다. 일이 중요하고 가정도 중요하며 친구와 연인이 중요하고……. 하지만 나는 **우선순위를 정하지 않는 것이 가장 중요하다고 본다. 일을 할 때 순서에 얽매여 선택과 집중을 하지 않으면 다른 일은 할 수 없기 때문이다.**

예를 들어 일에서 성공하려는 사람이 친구와 노는 것도 중요하고, 연인과 데이트하는 시간도 소중하다며 선택지를 늘리면 그만큼 성공에 이르는 길은 멀어진다. 또 일본의 3대 국가자격증인 의사, 변호사, 공인회계사 중에서 하나를 취득하겠다고 마음먹었다. 그런데 그 사람이 '1순위는 공부, 2순위는 친구, 3순위는 애인'이라고 우선순위를 매겨 놓고 그 순위에 따라 시간을 쪼갠다면 분명 시험에 합격하기는 어려울 것이다.

'Only'라는 생각으로 '최고의 하루'를 만들자

스티브 잡스의 예를 들지 않더라도 일에서 성공한 사람, 스포츠에서 값진 결과를 이뤄낸 선수는 모두 'Only'라는 생각으로 살아간다. 'Or'도 아니고 'And'도 아닌 'Only'로 살았기 때문에 하나를 지속하고, 결과를 만들어 낼 수 있었다. 자신이 이루고 싶은 것에만 집중했기에 커다란 성과를 얻을 수 있었다.

사람에 따라 인생의 여러 순간에서 최고의 하루가 갖는 의미는 각기 다르다. 일에서 성과를 내고, 성공하고 싶다면 자기 주변을 둘러싼 온갖 상황에 대해 의식적으로 선택지를 없애는 것이 필요하다. 그것이야말로 최고의 하루를 만들어 내는 길이다.

☺ Point 26

1년은 365일이 아니라, '최고의 하루x365일'이다.

딱 1만 시간만 하면
성공할 수 있다

내가 주변 사람에게 자주 권하는 사고법이 있다. '1만 시간의 법칙'이라는 것이다. 어떤 분야의 스킬을 습득하려면 1만 시간은 연습과 노력, 학습을 해야 한다는 뜻이다.

재수할 때나 공인회계사 수험생 시절, 나는 하루 16시간 이상 공부에 매진했다. 잠자고 밥 먹고 화장실 가는 시간 외에는 공부에 몰두한 것이다. 집에 있으면 게을러지기 쉬워서 아침 7시에 집을 나와 자정에 들어가는 생활을 1년

365일, 3년 동안 약 1천 일을 계속했다. 하루 15시간 공부했으면 한 달이면 450시간, 1년이면 5천 시간, 그리고 3년이면 1만 5천 시간이니 '1만 시간의 법칙'에 딱 들어맞는다.

훌륭한 결과를 낸 사람이 꼭 '천재'는 아닌 이유

의사, 변호사, 공인회계사, 운동선수 등 어떤 분야에서든 최고가 되는 사람은 날마다 노력을 멈추지 않는다. '오늘은 그럴 기분이 아니니까 쉬자', '공부는 어제 많이 했으니 오늘은 안 해도 돼' 하고 말하지 않는다.

권투 천재라 불리는 이노우에 나오야(井上尚弥, 1993~, 일본 권투 역사상 최고로 평가받는 프로 복서-옮긴이 주) 선수의 아버지가 한 인터뷰에서 "아들이 천재로 취급 받는 것이 싫다. 아들은 여섯 살 때부터 죽을힘을 다해 연습했다"라고 말하는 모습을 지켜보며 '1만 시간의 법칙'을 떠올렸다. 권투만 생각하고 하루 15시간 권투 연습을 하면서 20년을 살았다면 합계 10만 시간이 된다.

1만 시간의 무려 열 배나 되는 시간을 들여 지금의 실력을 갖게 되었으니 단순히 재능만을 보고 천재라 불리는 데 거부감이 드는 것도 당연할 것 같다. 하루도 빠짐없이 담담하게 기초 훈련을 소화하는 남다른 정신력, 그리고 365일 훈련을 계속하는 힘이 있었으니 보란 듯이 재능을 꽃피울 수 있었으리라.

이는 절대 권투에만 해당하는 이야기가 아니다. 무슨 일을 하든 제대로 된 결과를 낳기 위해서는 그 정도의 지속력은 필요하다.

☺ Point 27

어떤 분야에서든 최고가 되는 사람은
날마다 꾸준한 노력을 멈추지 않는다.

매일 30분씩은 좋아하는 일,
궁금한 일을 해라

'싫은 일은 그만하고 하고 싶은 일만 하면서' 하루를 보내고 싶지만, 일이 바빠 불가능하다거나 가족 때문에 좀처럼 여력이 없는 사람도 있을 것이다. 그런 사람은 우선 아침이나 저녁 시간을 활용해 보기를 권한다.

예를 들어 현재 하는 일이 너무 싫어 그만두고 싶은 사람은 아침에 30분 일찍 일어나면 된다. 그 시간 동안 부업을 하거나 이직할 곳을 찾고 자격시험을 준비하는 등 실행하기 위한 시간을 만드는 것이다.

사실 나도 회계법인에 적을 둔 상태로 독립을 결심했을 때, 매일 아침 일찍 일어나 부업을 했다. 일찍 출근한 만큼 일찍 퇴근해 세미나와 강연회를 찾아다녔다.

하고 싶은 일이 뭔지 영 모르겠다는 사람은 '언젠가 시간이 생기면 해볼까?' 싶었던 일을 저녁 시간을 이용해서 시도해 보는 것도 좋다.

예컨대 미뤄 뒀던 드라마 한꺼번에 몰아 보기, 사서 쌓아 두기만 했던 책 읽기, 좋아하는 게임하기, 유튜브로 좋아하는 개그맨의 영상 찾아보기 등……. 어떤 일이라도 좋으니 자신이 좋아하면서도 차일피일 미뤄 왔던 일에 매일 저녁 몰두해 보는 것이다.

'하고 싶은 일이 뭔지 모르겠다'는 사람은 대부분 하고 싶은 일이 없는 것이 아니라 하고 싶은 일을 가슴속 깊은 곳에 봉인해 둔 사람이다. 매일 해야 하는 일, 하지 않으면 안 되는 일을 우선시하느라 진짜 즐거움과 기쁨을 잊은 것뿐이다. 그러니 진짜 즐거움과 기쁨을 되찾으려면 하루 30분, 아침 또는 저녁 시간을 꼭 활용해 보기 바란다.

30분 이상은 하지 마라

그렇다고 무리하게 '매일 1시간씩 하겠어!'라고 결심하지 않기를 바란다. 루틴으로 만들기의 핵심은 '30분'이라는 시간이기 때문이다. 30분 이상 하면 집중력이 떨어지거나 시간에 여유가 생겨서 안 해도 될 일까지 하게 된다.

특히 자격시험이나 어학 시험 등 공부는 '10분×3'처럼 시간을 잘게 쪼개는 것이 좋다. 10분은 독서, 10분은 정보 수집, 10분은 복습 같은 식이다. 그리고 그 30분 동안은 무슨 일을 해도 상관없지만, 반드시 거쳐야 하는 과정이 하나 있다.

바로 '싫은 일 리스트'를 확인하는 과정이다. 매일 '싫은 일 리스트'를 눈으로 확인하며 스스로를 점검해야 한다. 자신이 해야 하는 중요한 일에 집중하다 보면 최고의 성과를 낼 수 있을 것이다. 이렇게 매일 30분씩 좋아하는 일을 할 때 비로소 인생을 크게 바꿀 수 있다. 부디 그 시간을 소중히 여기기 바란다.

─── ☺ Point 28 ───

어떤 일이라도 좋으니 자신이 좋아하면서도
차일피일 미뤄 왔던 일이라면 매일 30분씩만 몰두해 보자.

'투자적 사고'를 가지면
실패할 확률이 적다

시간을 투자한 대가로
무엇을 얻을 수 있는가

얼마 전, 서른한 살 남성으로부터 지금 하는 일을 그만두고 공인회계사 시험을 보고 싶다는 상담을 받았다. 나이가 얼마나 됐든 새로운 일에 대한 도전은 근사하다. 하지만 그때 나는 '그만두는 게 어떠냐?'는 답을 주었다.

공인회계사 시험에 합격하려면 아무리 짧아도 2년은 공부해야 하기 때문이다. 나야 운 좋게 두 번째 도전에서 합격했지만, 그래도 4년이나 걸렸다.

만약 그 남성이 지금부터 공부를 시작해 두 번째 도전에서 합격한다 해도 준비 기간까지 계산하면 서른일곱이나 서른여덟 정도는 되어야 개업할 수 있을 것이다. 게다가 기억력이 떨어지는 30대에 들어서서 어려운 공인회계사 시험공부를 시작한다니 잘못하면 2년 또는 4년이 더 걸릴 수도 있다. 그리되면 한창 일해야 할 30대의 6~8년을 시험공부에 바치게 된다. 즉, 투자라는 관점에서 볼 때 효율이 낮다고 봐야 한다.

한때 나는 시험에 붙기까지 들인 시간과 비용을 따질 때 공인회계사가 되고 나면 적어도 3년은 그 일을 해야 투자를 회수할 수 있다는 결론을 얻은 적이 있다.

이 남성의 경우는 모든 것이 순조롭게 흘러 마흔 전후에 공인회계사가 되더라도 그로부터 4~5년은 투자 회수 기간으로 계산해야 한다. 투자라는 관점에서 이익이 나는 시점은 마흔다섯 이후가 될 텐데 그렇다면 리스크가 너무 크다.

아무리 하고 싶은 마음이 강해도 도전하기 전에 따져야 할 점이 있다. '시간을 들인 대가로 무엇을 얻을 수 있는가? 몇 년 뒤에 어떤 결과를 가져올 것인가? 그 모든 것을 고려해도 시간과 돈을 투자할 만한가?' 하는 것이다. 나는 이를 '투자 개념'이라고 부른다.

회수 때까지 걸리는 기간이
길면 길수록 리턴도 크다

세상 모든 일은 시간을 들이고 돈을 쓰거나 제대로 된 노력을 해야 큰 결과를 얻을 수 있다. 그러니 회수 때까지 걸리는 기간이 짧아야 한다는 생각은 잘못이다.

오히려 그 기간이 길면 길수록 리턴도 크다. 부동산 투자 컨설팅도 겸하는 나로서는 부동산 투자야말로 그 패턴을 잘 보여 준다고 단언할 수 있다.

그런데도 많은 사람이 도전에 대한 불안과 공포, 드는 돈과 시간만을 고려할 뿐 회수에 관해서는 계산하지 않는다.

'투자'라는 관점이 결여된 것이다. 그럼, 사람들은 어째서 짧은 기간에 이익을 보려 하고, 당장 결과를 얻으려 할까?

눈앞의 일에 급급해서 나중 일까지 생각할 수 없기 때문이다. 그동안 경험에 비춰 볼 때 힘들고 어려운 시기에 나중 일까지 제대로 생각할 수 있어야 성공할 수 있다.

시작하기 전에
투자적 사고로 먼저 판단해라

여러 번 언급했지만, 대입 때 삼수를 했다. 재수 시절 희망하는 대학에 들어가지 못해 굳이 삼수를 결심했다. 투자라는 관점에서 5년 뒤, 10년 뒤를 생각했을 때, 1년 더 준비해서 일류 대학을 졸업하는 게 낫다고 판단한 것이었다. 그렇게 결단했기에 지금의 내가 있다.

하지만 앞서 언급한 서른한 살 남성의 경우, 아무리 회수까지 기간을 길게 보는 것이 좋다 해도 인생에서 최고로 열심히 벌고 일하는 즐거움을 느껴야 할 시기를 공부와 투자 회수의 루틴에 쏟아붓기는 너무 아까운 노릇이다. '최

고의 하루'를 회수 가능성이 낮은 일에 적용하지 않으려면
'투자 개념'을 익혀야 한다.

최단 거리를 알아야
고생하지 않는다

어떤 길이 가장 가까운지
살피는 습관을 들여라

앞서 언급한 서른한 살 남성의 이야기를 조금 더 하겠다. 사실 그에게 공인회계사 시험을 권하지 않은 이유가 또 하나 있다. '공인회계사 시험에 합격하면 어떻게 할지'를 물었더니 '독립해서 대기업의 감사 일을 하고 싶다'는 대답이 돌아왔다.

그런데 그가 희망하는 대기업 일의 대부분은 대형 회계

법인이 담당한다. 다시 말해, 공인회계사로 독립하더라도 당장 대기업의 감사 일을 수주할 수 없다는 말이다. 오히려 갓 개업한 공인회계사의 경우, 개인 사업자의 세금 확정 신고를 돕거나 중소기업 결산서 작성 같은 이른바 세무사 업무를 주로 맡게 될 가능성이 크다. 그렇다면 차라리 세무사가 되는 편이 낫다.

자신이 지향하는 미래를 위해 365일을 루틴으로 만들고자 할 때, 잘못된 방향으로 365일을 달린다면 무슨 의미가 있겠는가? 목표를 이루려면 **'어떤 길이 최단 거리인지'** **늘 살피는 습관을 들여야 한다.**

인생을 다시 산다면
'열여섯에 창업하겠다'고 답한 이유

얼마 전 누군가에게 이런 질문을 받았다. "다시 한 번 지금과 같은 성공을 거둘 수 있다면 그때는 어떤 방식을 선택하겠습니까?" 그때 내가 한 대답은 "열여섯에 창업하겠습니다"였다.

정말 그런 상황이 온다면 의무 교육인 중학교만 졸업하면 바로 상경해 힘을 키우겠다. 물론 학력이나 자격에 의존하지 않고 말이다. 바로 회사를 세운다면 보통 사람보다 빨리 시작할 수 있으니 압도적으로 유리한 고지를 점할 수 있다. 게다가 열여섯 살의 창업가라니 많은 사람의 이목을 집중시키고, 언론의 조명을 받을 수도 있을 것이다.

그야말로 새파랗게 어린 나이에 성공을 거머쥘 청사진인데, 이게 절대 꿈같은 이야기가 아니다. 자신이 이루고 싶은 원대한 목표 또는 꿈이 있다면 언제나 어떤 길이 가장 가까운 길인지를 꿰뚫고 있어야 한다.

☺ Point 30

잘못된 방향으로 365일을 달리는 것은 의미가 없다.
어떤 길이 가장 가까운 길인지 늘 살피는 습관을 지니자.

내 기준에서 벗어나는 일은
과감히 버려라

많은 사람들이 좀처럼 '자신이 원하는 하루'를 계획하기 어려운 이유 중 하나로 **자기 '기준'이 서 있지 않다는 점을 들 수 있다.** 가령 패션이 그렇다. 자신이 좋아하는 색이나 소재, 스타일 등의 기준이 있으면 옷을 살 때 망설이는 시간이 줄어든다.

또 매일 정말 좋아하는 옷을 일주일 동안 반복적으로 돌려가며 입으면 그날 무엇을 입고 나갈지 고민하지 않아도 된다. 싫은 일을 하지 않기 위해서는 이 정도 기준은 명확히 세워 두는 것이 중요하다. 그리 간단한 일이 아니라는 것은 나도 안다. 특히 패션을 좋아하는 사람에게 이 방법은 분명 어려울 터. 그러니 일단 좋아하는 것은 빼놓고 생각하자.

기준에서 벗어난 것은 버릴 용기를 가져라

예를 들어 회식에 관해 '술자리는 주 2회'라고 정해 두면 그 밖의 제안은 거절하겠다는 '기준'을 설정할 수 있다. 그래도 만나고 싶은 사람, 같이 술 한잔 마시고 싶은 사람의 제안이라면 다음 주로 돌리면 된다. 물론 '인맥을 만들기 위해 매일 보고 싶은 사람을 만나고 마시기'라는 목표가 있다면 논외다.

하지만 동료와 회사 뒷담화나 하는 술자리, 지나간 추억

이야기밖에 하지 않는 동창 모임이라면 잠깐의 휴식은 될지언정 자기 목표를 이루는 데는 불필요하다. 그런 자리는 단호히 거절하는 용기도 있어야 한다.

하루는 24시간밖에 되지 않는다. 365일 최고의 하루를 사는 데 불필요한 시간은 단 1분도 없다. 기준을 세우고 중요치 않은 것은 버릴 용기를 갖자.

☺ Point 31

나만의 확실한 기준을 가진 사람은
결코 시간을 낭비하지 않는다.

시간은 '금'이 아니라
'목숨'이다

자기 목숨을 허비하면서까지

해야 하는 일인가

동서고금을 막론하고 통하는 속담 중에 "시간은 금이다" 라는 말이 있다. 그런데 내 관점에서 이 속담은 임팩트가 약해도 한참 약하다. 내가 생각하기에 **시간은 '목숨'이다.** 우리는 매일 시시각각 죽음을 향해 가고 있다.

그렇다면 지금 자신이 하는 일은 자기의 목숨을 갉아먹

으면서까지 할 가치가 있는 것인가? '싫은 일인데 어쩔 수 없다'는 사람은 다시 한 번 잘 생각해 보기 바란다. 자기 목숨을 희생하면서까지 해야 하는 일인지를 말이다. 그러면 자연스럽게 답이 나오고, 불필요한 일은 쉽게 놓아 버릴 수 있을 것이다.

최대의 시간 도둑
스마트폰으로부터 자신을 지켜라

현대인의 생활에서 최대의 시간 도둑은 스마트폰이 아닐까? 예컨대 무언가를 찾아보기 위해 스마트폰 화면을 본다고 하자. 자신도 모르게 원래 목적과는 무관한 인터넷 서핑에 빠져 시간을 훌쩍 날려 버리고 후회한 경험은 누구에게나 있을 것이다. 그래서 이메일이나 SNS의 알림이 와도 **정해진 시간 외에는 스마트폰을 확인하지 않는 등 원칙을 정해야 한다.**

나의 경우 창업을 준비하던 시절에는 아침저녁 부업이

나 강연회 참석 등으로 독립을 대비했는데, 그 시간만큼은 스마트폰을 비행 모드로 설정했다. 덕분에 이메일이나 SNS 알림을 신경 쓰지 않고 내가 하고 싶은 일에 집중할 수 있었다.

스마트폰의 애플리케이션도 여러 개가 설치되어 있으면 어느새 여기저기 기웃거리기 마련이다. 그래서 최소한의 것만 남기고 삭제한 뒤, 한 화면에 심플하게 정리했다.

☺ Point 32

지금 자신이 하는 일은 자기의 목숨을 갉아먹으면서까지
할 가치가 있는 것인가?

3장 최고의 하루가 모이고 모여 원하는 인생을 만든다

나만의 시간 관리
루틴을 만들자

'최고의 하루'를 보내겠다고 굳게 마음먹고도 집에만 가면 소파에 누워 뒹굴고, 이메일만 확인하겠다며 컴퓨터 앞에 앉아서 어느새 웹의 바다에서 허우적대고…….

원대한 목표를 이루겠다며 자격시험 공부를 하면서도 TV를 끊지 못하고, 스마트폰을 놓지 못하는 사람들이 많다.

이런 사람에게 포모도로 테크닉(Pomodoro Technique, '포모도로'는 이탈리아어로 '토마토'를 뜻한다. 1980년대 후반 이탈리아의 대학생이었던 프란치스코 시실로가 토마토 모양의 주방용 타이머를 이용해 효과적으로 시간을 관리하는 기술을 창안한 데서 붙은 이름-옮긴이 주)을 권한다. 포모도로 테크닉은 비즈니스맨에게 뜨거운 호응을 얻고 있는 시간 관리법인데 사실 나도 이 방법으로 시간을 관리하고 있다.

25분 집중, 5분 휴식을
한 세트로 3회 반복하기

포모도로 테크닉을 활용하려면 스톱워치가 필요하다. 스마트폰의 타이머 기능을 이용해도 된다. 방법은 간단하다.

우선 일, 자격시험 공부, 어학 공부 등 해야 할 임무를 메모한다. 메모를 다 했으면 타이머를 25분으로 맞추고 한 가지 일에만 집중한다. 그리고 25분이 지나면 5분간 휴식한다. 이를 한 세트로 삼아 3세트, 즉 90분 동안 임무를 수행한다.

물론 25분 동안 이메일, 전화, SNS 등은 일절 금지다. 포모도로 테크닉은 한 가지 일에만 집중해야 하기 때문에 만약 이메일을 한꺼번에 확인하고 싶으면 25분 이내에 처리

하도록 한다.

나도 이 방법을 썼더니 집중력이 조금 더 높아진다는 사실을 알 수 있었다. 그래서 지금은 45분간 집중하고 15분 쉬는 주기를 실행 중이다.

이 시간 관리법은 특히 프리랜서나 부업을 하려는 사람에게 더 권유하고 싶다. 시간을 타이머로 관리함으로써 쓸데없는 짓을 차단하고 지금 자신이 하고 싶은 일, 해야 하는 일에 집중할 수 있다.

☺ Point 33

타이머를 활용해 시간을 관리하면 지금 자신이 하고 싶은 일,
해야 하는 일에 오롯이 집중할 수 있다.

자신을 위한 일정만을
일정표에 적어라

자신만의 시간을 반드시
따로 기록해야 하는 이유

주위를 둘러보면 '늘 바쁜 것치고는 하는 일마다 속도가 나지 않는' 사람이 있을 것이다. 그들의 일상은 '싫은 일', '하지 않아도 될 일', '쓸데없는 일'로 채워져 이러지도 저러지도 못한다.

그런 사람에게 권하고 싶은 것이 **'자신만을 위한 일정을 일정표에 적기'**다. 대부분 일정표에 회의나 미팅, 강연회

일시, 업무 마감, 회식 일정 등을 적어야 한다고 생각한다.
하지만 자신만을 위한 일정을 적어 보라.

'매주 수요일 저녁 7시부터는 운동', '금요일 저녁은 영화', '일요일은 미술관' 같은 식으로 자신만을 위한 일정을 채워 넣는 것이다.

쓸모없는 제안이나 유혹을
완벽히 차단하는 법

창업을 준비하던 시절, 나는 해야 할 일을 모두 일정표에 적어 놓고 관리했다. 오전 7시~7시 30분 '부업', 저녁 7시~7시 30분 '서점에서 정보 수집' 같은 식으로 말이다.

그날의 일정을 구글 캘린더에 넣어 놓고 시간이 되면 알람이 울리게 했다. 그렇게 해서 365일을 루틴하게 만들 수 있었다. 일정표가 너무 빡빡하게 채워졌다 싶을 때는 '오후 3~4시 오프'처럼 휴식 시간까지 써 넣어서 쉴 수 있게 했다.

사람은 분위기에 휩쓸리는 동물이다. 머리로는 '금요일엔 영화'라고 의식해도 동료들이 술자리에 부르면 어느새 몸이 그쪽을 따라가기 마련이다. 자신만의 일정을 일정표에 기입하면 쓸모없는 제안이나 유혹을 차단할 수 있다. 따라서 매우 빠른 속도로 '싫은 일을 그만둘 수 있게' 된다.

—————— ☺ Point 34 ——————

일정표에는 일이 아닌
오로지 나만을 위한 일정을 채워 넣어 보자.

인맥에 과감히
돈을 투자하라

자신이 창업으로 성공하려면 인적 네트워크에 투자하는 것이 가장 좋은 방법이다. 본받아 배울 만한 인물이 있으면 직접 만나 이야기를 나누는 것도 좋다. 그래야 마음에 울림이 있고 더 확실한 동기 부여로 이어질 수 있다.

함께 놀 친구와의 술자리에 3천 엔, 5천 엔을 쓸 수 있다면 본받을 만한 인물을 만나러 가는 데도 그만한 돈을 써 보라. 그 정도 돈이라면 아마도 세미나나 강연회를 이용할 수 있다.

나는 창업을 준비하던 시절, 매일 내가 목표로 생각하는 인물을 만났다. 그렇게 해서 인적 네트워크 만들기를 내 루틴에 포함했다.

세상 모든 일은 '타인과의 연결' 없이는 완성되지 않는다. 손바닥만 한 작은 회사부터 수만 명이 일하는 대기업까지 대부분의 회사에 영업 부서와 영업 직원이 있는 것만 봐도 알 수 있듯이 일은 사람을 통해서만 이뤄지는 법이다. 특히 창업 초기에는 자신이 영업을 직접 뛰면서 일을 수주해야 하기 때문에 인적 네트워크의 중요성을 점점 더 크게 느끼게 된다.

만남을 소중히 여기면
수입이 늘어난다

나는 창업 후 줄곧 만남을 귀하게 여겼다. 혼자서 일하는 데는 한계가 있기 때문이다. 우수한 동료를 많이 만나고 나의 인적 네트워크를 넓히면 수입을 늘리는 데도 큰 도움이 된다.

물론 앞서 언급했다시피 창업을 준비하던 시절 나는 만나는 사람 수를 무턱대고 늘려 본들 별 의미가 없다는 것을 깨닫게 되었다. 그래서 창업 후에는 뛰어난 영업 전담자를 모집할 계획을 세웠다.

우선 유튜브에 영업에 관한 세미나 동영상 30시간 분량을 올린 다음 응모한 사람에게 그 동영상을 보게 한 뒤 면담했다. 그렇게 해서 내 생각에 공감하는 영업 전담자를 300명이나 모집했다.

그들에게는 내가 그때까지 해 온 것처럼 매달 많은 사람을 만나게 했다. 개중에는 그 단계에서 행동으로 이어지지 못해 탈락한 사람도 적지 않았다. 하지만 지금은 나와 같은 생각, 같은 페이스로 움직일 수 있는 영업 담당자를 100명이나 거느리고 있다.

인적 네트워크를 구축하면 그 구성원이 또 다른 사람과 관계를 맺게 되어 결과적으로는 수입 증대를 가져온다. 일은 사람이 하는 것이다. 365일, 일로 연결되는 인맥 형성을 의식하자.

───────────── ☺ Point 35 ─────────────

세상 모든 일은 '타인과의 연결' 없이는 완성되지 않는다.
그러니 인맥에 과감히 돈과 시간을 투자하라.

성공하는 사람은
결단이 빠르다

성공을 위한 3박자를 기억하라

앞서 나는 어떤 결정을 하든 '3초' 이내에 내린다고 말했다. 특히 새로운 일을 시작할 때 결정은 빠르면 빠를수록 **좋다. 양과 질을 갖춘 사람도 성공하려면 반드시 속도까지 갖춰야 하기 때문이다. 이 셋은 이른바 성공의 3박자다.**

즉 얼마나 빨리 시작하고, 얼마나 효율적으로 수행하며, 얼마나 많이 하는지가 성패의 분수령이다. 설사 질적 수준이 떨어져도 속도가 빠르면 양이 채워지므로 질적 결여를 메울 수 있다. 최악은 **'느리고 제대로 하지 않으며 많이 하지 않는 것'이다.**

이 논리에서 보면 앞서 공인회계사 시험 준비를 하겠다던 서른한 살 남성은 시작이 지극히 늦은 사례다. 만약 그가 결혼해 가족을 부양하고 있다면 공인회계사 시험공부에만 집중하기란 절대 불가능하다.

가계를 위해 직장을 다니며 또는 아르바이트를 하면서 준비한다면 학습량을 채우기조차 어려워서 원하는 결과로부터 점점 더 멀어지고 말 것이다.

결정이 늦어지는 만큼
출발도 늦어진다

업무상 무언가를 시작하려 할 때 그 자리에서 결정하지 않고 "생각해 보겠습니다", "검토해 보겠습니다"라고 말하는 사람이 있다. 내 관점에서는 그 순간 이미 '속도'가 결여되어 있으므로 그는 비즈니스에 적합한 사람이 아니다.

공부, 음악, 운동 등 모든 것이 마찬가지다. 음악도 어릴 때부터 배워야 음감이 몸에 배고 공부도 일찍부터 해야 좋은 대학에 들어가기 쉽다. 창업도 일찍 시작해야 나중에 창업하는 사람보다 확실히 유리하다.

무언가를 시작할 때 "생각해 보겠습니다"라고 말을 뱉는 사람의 심정을 이해 못할 것도 없다. 다만, 느린 결단은 이미 큰 단점이라는 점도 자각하기 바란다.

 Point 36

양과 질을 갖춘 사람도 성공하려면 반드시 속도까지 갖춰야 한다.
양과 질, 속도. 성공의 3박자를 늘 명심하자.

'논리'보다
'직감'으로 결정해라

'싫은 일', '하고 싶은 일'을
마음속에 품어야 즉단할 수 있다

결정을 내릴 때는 '논리'와 '직감'이 필요하다. 논리로 내린 결정은 '이러이러한 이유에서 하겠다(또는 하지 않겠다)'고 타인에게 설명할 수 있다. 그런데 직감이란 것은 순간적으로 '느낌이 온다(또는 오지 않는다)'는 뜻이기에 직감으로 결정했을 경우 보통은 자신도 이유를 댈 수 없다.

나는 결정을 내릴 때 직감에 의존하는 편이라서 평소에 '하기 싫은 일', '하고 싶은 일'에 관해 자문자답하는 연습을 한다. 이렇게 하면 순간적으로 하고 싶은지, 하기 싫은지 알 수 있기 때문이다.

결정에 시간을 들이면 들일수록 '하지 않을' 이유만 또렷해진다

나는 대부분의 결정을 3초 이내에 할 수 있다. 물론 지금까지 해 온 경험을 통해 3초 이상 생각해도 좋은 답을 얻기 어렵다는 것도 알고 있다. 지나치게 이해득실을 따지다 보면 싫은 일도 해야 한다.

고등학교 3학년 때 나는 명문대에 가기로 마음먹었다. 그때 만약 이리저리 쟀다면 '똥통 학교 학생이 이제 와 공부한다고 되겠어?'라는 생각이 들어 포기했을지도 모른다. **결정에 시간을 들일수록 '하지 않을' 이유만 생각나는 게 인지상정이다.** 부정적 사고를 끊기 위해서도 결정은 늘 3초 이내에 끝내야 자신이 원하는 결과를 향해 나아가기 쉽다는 사실을 기억하기 바란다.

최고를 추구하지 않아야
최고를 선택한다

최고를 추구하면
왜 결과가 나쁠까

결정해야 하는 순간이 오면, 누구나 최고의 선택을 하고 싶어 한다. 그런데 이럴 때야말로 최고의 선택을 해서는 안 된다.

너무 깊이 생각하느라 시간을 허비해 버리기 때문이다. 완벽을 추구하려 드는 마음이 결과를 더 나쁘게 만든다. 아무리 심사숙고해도 자신의 선택이 최선일지 아닐지는 결과를 보기 전에는 알 도리가 없다.

어쩌면 일생을 쏟아붓고도 모를 수 있다. 연애를 예로 들어 보자. 이 여성(또는 남성)과 사귀는 것은 최고의 선택일까? 내가 결혼한 여성(또는 남성)은 최고의 배우자일까? 이 회사는 최고의 직장일까? 이직이나 창업을 하고 싶지만, 그게 최고의 선택일까?……. 다들 알겠지만, 이런 문제는 아무리 생각해도 답이 없다.

Better를 쌓아야 Best가 된다

나는 대학을 다니면서 이미 창업을 해야겠다고 결심했다. 그 길을 가려면 자격증이 필요하다고 느껴서 공인회계사 시험이나 사법시험을 보기로 마음먹었다. 그리고 사흘 동안 철저히 조사해 공인회계사 시험을 선택했다.

이후에도 대학 생활 내내 공인회계사 시험공부에 열중했고, 그 결과 당당히 합격했다. 지금도 솔직히 그 선택이 최선이었는지는 잘 모르겠다. 마찬가지로 자신이 지금 다니는 회사가 최고의 직장인지 아닌지는 그 누구도 알 수 없다.

또 창업에 가장 좋은 시기가 언제인지 말해 줄 수 있는 사람도 없다. '왠지 가슴이 뛰고 재미있을 것 같은' 기분이 솟구친다면 그때 그 일에 도전하면 된다. 나는 해 보고 싶은 마음이 50퍼센트만 되면 행동한다. 그때가 최고의 순간이다.

지금 자신에게 조금 더 나은 방법, 조금 더 나은 방향, 조금 더 나은 무언가를 얻기 위해 **그때그때 조금 더 나은 결정을 내린다면 훗날 최선의 결과로 이어진다.**

세상에 완벽한 선택은 없다
최선의 선택만이 있을 뿐

살다 보면 수도 없이 많은 선택과 결정을 해야 한다. 그 순간의 선택이 평생을 좌우하는 경우도 있다. 그래서 중요한 결정을 앞두고 있다면 당연히 신중해질 수밖에 없다.

하지만 기억해야 할 것은 어떤 선택도 완벽할 수는 없

다는 사실이다. 설령 결과가 좋지 않다고 해서 자책하거나 후회할 필요도 없다. 그저 내가 한 선택이 최선이었음을 받아들이고, 그 최선의 선택을 최고의 선택으로 만들어 가는 것이 인생에서 더 중요하다.

—— ☺ Point 38 ——

아무리 심사숙고해도 자신의 선택이 최선일지 아닐지는
결과를 보기 전에는 알 도리가 없다.

4장

좋아하는 일만 해도
돈 걱정 없이 산다

- 억지로 노력하지 않아도 잘사는 사람들의 비밀

원하는 결과를 이끌어 내는 '거꾸로 생각법'

꿈을 현실화하는 빠른 길
'거꾸로 생각법'

세상일에는 출발점과 도착점이 있고, 입구와 출구가 있다. **자신이 하고 싶은 일을 실현하려면 목표 지점(어떻게 되고 싶은지)을 확실히 정한 뒤, 그 목표를 이루기 위해 지금 무엇을 해야 할지를 생각하는 것이 중요하다.**

이러한 사고방식을 '거꾸로 생각법'이라고 한다. 그러니까 기존의 상식이나 고정 관념을 깨고 결과부터 정한 뒤,

그 결과를 도출하기 위해 계획을 세우는 역발상적 사고방식이다.

앞서 1장에서 '계획을 세우지 마라', '목표는 필요 없다'라고 말했다. 그러나 자세히 읽어 보면 알겠지만, '지나치게 면밀한 계획은 필요 없다', '눈앞의 작은 일을 달성하기 위한 목표는 필요 없다'라는 이야기였다. 그러니 현재의 자신을 뛰어넘고 싶다면 큰 목표와 과감한 계획을 세우기 바란다.

'거꾸로 생각법'을 못하는 사람의 특징

살면서 무언가를 이루려고 할 때, 거꾸로 생각법은 발상을 전환하는 데 매우 중요한 사고방식이다. 그런데 많은 사람이 이 '거꾸로 생각법'을 잘하지 못한다. 왜일까? 두 가지 이유를 들 수 있다.

첫 번째는 자기 목표가 무엇인지 모르기 때문이다. 다시 말해 인생의 목적이 명확하지 않다는 말이다. **두 번째는**

172

목표가 너무 낮아서 그렇다. 예를 들어 현재 토익 점수가 400점인데 430점까지 올리고 싶다고 하자. 단어를 외우고 문법을 마스터하면 그리 어렵지 않게 해낼 수 있다. 하지만 반년 이내에 990점을 받으려면 무엇을 언제까지 얼마나 공부해야 할지를 거꾸로 따져 봐야 한다.

'3년 안에 1억 엔은 무리'라는 말에 내가 한 행동

이제 '거꾸로 생각법'을 이용해 어떻게 꿈과 목표를 달성할 수 있는지에 관해 이야기해 보자. 나는 "창업할 생각이면 1년 안에 1천만 엔, 3년 안에 3천만 엔, 5년 안에 1억 엔은 벌 목표를 세웁시다"라는 말을 자주 한다. 실제로 나는 3년 안에 1억 엔의 영업 이익을 내겠다는 목표를 갖고 있었다.

그런데 1억 엔 이상 벌던 여러 선배 경영자는 "3년 안에 1억 엔은 절대 무리야! 나도 그렇게는 못 했어"라고 단언했다. 그 말을 듣는 순간 오히려 의지가 갑자기 활활 불타오르기 시작했다. 무슨 일이 있어도 3년 안에 1억 엔을 벌고야 말겠다고 결심했다. 그리고 구체적인 목표를 세우고 실행하는 거꾸로 생각법을 활용해서 보란 듯이 이뤄 냈다.

성공하고 싶다면
성공한 사람의 말을 실천해라

그렇다면 어떻게 3년 만에 영업 이익 1억 엔을 달성할 수 있었을까? 간단하다. **실제 영업 이익 1억 엔을 달성한 경영자를 만나 그들이 어떤 생각을 했고, 어떤 일을 했으며, 어떤 습관을 들였는지 배웠다. 그리고 그들과 똑같이 365일을 루틴으로 만들었을 뿐이다.**

만약 연봉 1억 엔을 벌고 싶다면 실제 1억 엔을 버는 사람을 만나 이야기를 들어 보라. 그런 사람을 만나기 어렵다면 그 사람이 쓴 책을 읽거나 동영상을 보고 그들의 '사고, 행동, 습관'을 알아내면 된다. 그러면 1억 엔을 벌기 위해 어떻게 해야 하는지 자연스레 알 수 있다.

나는 1억 엔 이상 버는 몇몇 경영자를 만나러 갔을 때 '부동산, 보험, 교육 사업을 하라'는 조언을 들었다. 그리고 그대로 실천해 독립한 지 3년째 되던 해에 영업 이익 1억 엔을 달성했다. 만약 그때 다른 일을 했더라면 1억 엔은 헛된 꿈으로 끝났을 것이다.

┌───┐
│   ☺ Point 39   │
│   │
│   연봉 1억 엔을 벌고 싶다면 실제 1억 엔을 버는   │
│   사람을 만나 이야기를 들어 보라.   │
│   │
└───┘

성공에 필수 요소,
'커뮤니케이션 능력'

‘예를 들면'과 ‘왜냐하면'을
자주 써야 설득력이 생긴다

나는 거꾸로 생각법으로 영업 이익 1억 엔을 달성하기 위해 경영자들을 찾아다니며 여러 이야기를 듣는 동안, 나에게 부족한 점이 무엇인지 알 수 있었다. 그것은 커뮤니케이션 능력이었다.

나는 어려서부터 남 앞에서 말하는 것을 어려워했다. 그런데 선배 경영자는 경영자에게 가장 필요한 자질 중 하나가 커뮤니케이션 능력이라고 강조했다. 그래서 화술과 세미나 실시 방법 강좌를 들으러 다녔다. 화술 강좌에서는 **커뮤니케이션을 할 때 상대의 눈을 보고 말하기와 천천히 말하기의 중요성, 또는 '예를 들면'과 '왜냐하면'을 자주 씀으로써 구체성을 키워 상대가 수긍하도록 만드는 법을 배웠다.**

또 곰곰이 생각해 보니, 남을 수긍하게 만드는 구체적인 사례를 들려면 내가 실제 행동을 보여야 할 것 같았다. 그래서 화술을 공부하는 동시에 나의 비즈니스 경험치를 쌓기 위한 노력도 게을리하지 않았다.

세미나는 '강의형'보다 '참여형'이 분위기가 산다

'세미나 실시 방법' 강좌에서는 커뮤니케이션 능력을 높이기 위해 일방적인 강의 형식이 아닌 참여형으로 준비해야 한다는 사실을 배웠다. 가령 참가자에게 질문하게 하거나

'예, 아니요' 항목에 손을 들게 하고 세워서 발표를 시키는 등의 방식을 이용하는 것이다. 또 말하는 방식을 조금만 바꿔도 전체 분위기가 달라진다는 것도 배웠다.

이전에는 "웃으세요. 화기애애하게 하자고요"라는 말로 세미나를 시작할 때가 많았다. 그런데 요즘은 "긴장이 풀리면 쓸데없는 말도 하는 편입니다. 갑자기 개그를 하면 웃어 주세요"라고 표현을 바꾸었다. 덕분에 전체 분위기가 훨씬 좋아졌다.

세미나에 상담 코너와 질의응답 시간을 갖고, 세미나가 끝난 뒤에도 참가자와 런치 타임을 통해 참가자 간 교류를 활성화할 수 있다는 것도 배워서 잘 활용하고 있다.

돈을 벌고 싶으면 1년에 5천 명은 만나라

회사를 차려 돈을 벌려면 우선 직접 영업을 해서 일을 주문 받는 것부터 해야 한다. 모름지기 경영자는 본업에 대해 일정 수준 이상의 기술을 보유해야 함은 물론이고, 그에 맞먹을 만큼 우수한 영업자가 되어야 한다.

또 창업 직후에는 매출을 올리기 위해 많은 사람을 만나는 데 집중해야 한다.

나는 창업 당시 **한 선배 경영자로부터 '1년에 5천 명은 만나라'는 말을 들었다.** 그때부터 사람을 만나기 시작했는데, 실제로 5천 명을 만나는 데 2년 가까이 걸렸다. 당시에는 닥치는 대로 세미나와 교류회에 참가했다. 단순히 명함 교환만으로 끝난 사람도 적지 않았지만, 현재까지 이어지는 인맥도 그때 쌓을 수 있었다.

창업 후 8년가량 지났는데 네이버 LINE 주소록에 저장된 인물만 해도 현재 4만 5천 명 정도 된다. 요즘은 직접 대면하지 않더라도 SNS 등을 통해 1년에 5천 명, 하루 최소 열 명 정도는 새로운 사람과 접촉하려고 한다.

--- ☺ Point 40 ---

하루 최소 열 명 정도는 새로운 사람과 만나는 연습을 해 보자.

결국 계속 아웃풋을 내는
사람이 성공한다

행동하지 못할 정도라면
준비도 하지 마라

'싫은 일'을 하지 않고도 이상적인 결과를 내기 위해서는 끊임없이 스스로 정보를 발신해야 한다. 나의 경우 요즘은 세미나보다 유튜브를 통해 정보를 발신하지만, 전에는 주말에 세 시간짜리 세미나를 하루 세 번 진행했다. 토, 일요일 이틀이면 총 6회 18시간에 달했다.

이때 '석 달 안에 돈과 자유를 얻을 수 있는 세미나', '생각을 현실로 바꾸는 세미나'라는 제목으로 페이스북 친구 5천 명에게 알려서 참가자를 모았다. 처음 세미나를 개최했을 때는 몹시 긴장했는데, 익숙해지는 것 외에는 답이 없다고 생각하고 무조건 횟수를 채워 나갔다.

'준비를 철저히 하자'고 결심해도 좀처럼 행동으로 옮겨지지 않았다. 그래서 아예 준비하지 않고 한두 시간을 애드리브로 이야기할 수 있는 훈련까지 했다.

시스템화하면 하고 싶은 일에 집중할 수 있다

세미나는 주말을 포함해 연간 1백 회 이상 진행했다. 개최지는 도쿄(東京), 오사카(大阪), 나고야(名古屋), 히로시마(廣島), 후쿠오카(福岡), 홋카이도(北海道) 등지였다. 책을 내기 시작한 3년 전에는 출판 기념 세미나를 전국 주요 도시에서 열기도 했다. 또 유튜브에 올릴 동영상도 주 5~6시간씩 촬영했다. **"배우지 말고 익혀라", "못하는 총질도 쏘다 보면 맞는다"**는 말처럼, 실패를 실패로 생각지 않고 한 단계 나

아가는 양식으로 삼아 계속해 나갔다.

창업 직후에는 직접 처음부터 혼자 다했다. 하지만 지금은 가능한 한 빨리 직원에게 맡기고, 모든 것을 시스템화할 수 있도록 의식하고 있기에 '내가 하고 싶은 일', '나만이할 수 있는 일'에 집중하고 있다.

또한 이벤트 고지 등은 제휴 중인 사업 파트너가 맡고, 이메일도 비서가 맡아 관리하는 등 최대한 역할을 분담하고 있다.

☺ Point 41

배우지 말고 익혀라.

한 권을 읽어도
요령 있게 읽어라

프롤로그, 에필로그와 차례로
요점만 파악하자

나는 책을 숙독하지 않는다. 시간이 아까워서다. 가령 세
금 공부를 하고 싶으면 한 권을 세 시간 들여 숙독하는 것
이 아니라 열 권을 한 시간 만에 가볍게 훑어본다. 그래야
머릿속에 더 많이 남는다.

또 하나의 주제에 관해 20~30권의 책을 구매한다. 일단
프롤로그와 에필로그를 보고 그 책이 말하고자 하는 바,

개요를 파악한 다음 차례를 펼친다. 그러다가 자세히 보고 싶은 부분이 눈에 띄면 그 부분만 펼쳐서 대충 살펴본다. 그렇게 하면 한 권당 10분 정도면 끝난다.

필요 없는 부분은 읽지 않는다

책을 사서 전부 읽지 않으면 아깝다고 생각하는 사람이 많은데, 나한테는 **필요 없는 정보를 읽는 시간이 더 아깝다.** 빨리 읽으려고 속독술 책도 읽어 봤는데 빨리 보는 것은 가능하다. 하지만 인간 뇌의 능력이 빨리 읽는 것은 역시 무리라는 생각이 들었다. 그래서 책을 휘리릭 넘기면서 훑어보고 굵게 강조된 활자 등 필요한 부분만 읽는 게 훨씬 효율적이라는 결론을 얻게 되었다.

어쨌든 나는 연간 300~400권을 구매해서 거의 전부를 훑어 본다. 읽기 어려운 책은 다 읽지 못하고 끝날 때도 있다. 그리고 재미있는 책의 저자가 세미나를 열면 가급적 참가한다.

지금껏 참가한 세미나의 주제 분야는 성공 법칙, 마인드 세트, 시간 관리, 패션, 인테리어, SNS, 문장력, 영업, 주식 등 실로 다양했다. 게다가 그 세미나가 도움이 된다고 판단했을 때는 저자의 컨설팅을 받아 나의 경험치를 늘리는 노력으로도 이어 간다.

☺ Point 42

한 권을 세 시간 들여 숙독하는 것보다
열 권을 한 시간만에 훑는 것이 기억에 더 많이 남는다.

돈은 쓸 줄 아는
사람에게 모인다

'돈이 좋다'고 말해야
돈이 따라붙는다

흔히 '돈은 돈을 좋아한다. 그래서 돈이 있는 곳에 돈이 모인다'고 한다. 내 주변의 부자 친구들을 보면 확실히 그런 경향이 있어서 가진 자에게 더 많은 돈이 몰리는 것 같다.

우리는 예로부터 '청빈'을 중요시 여기는 문화권 속에서 살아왔다. 그러다 보니 돈이 좋다거나 부자가 되고 싶다는 말은 품격 없고 상스럽게 여겼다. 하지만 내 생각은 다르다. 부자들은 너나없이 돈이 좋다고 공언한다. 인간이 싫다는 사람 주변에 사람이 몰려들지 않듯이 돈을 부정적으로 보는 사람에게는 돈이 모이지 않을 것 같다. 돈은 '돈이 좋다'고 말하는 사람을 찾아오지 않을까?

'모은 뒤에 쓰는 것'이 아니라
'쓰고 나서 모으기'

그렇다면 돈은 어떻게 해야 늘어날까? **돈을 늘리려면 절약하고 저축해야 한다는 발상은 가난한 자의 사고방식이다.**

예를 들어 월수입 20만 엔인 사람은 아무리 아껴도 한도 저축액은 고작 수만 엔이다. 그런 사람은 돈을 쓰지 않고 모으려고 한다. 그런데 오히려 아무리 시간이 흘러도 돈이 모이지 않는다.

부자들은 돈을 쓰면서 늘릴 방법을 생각한다. 무조건 저축하는 것이 아니라 1만 엔이 있으면 그 돈으로 무언가를 사들여서 3만 엔에 팔려고 생각하는 것이 부자들의 발상인 것이다.

돈은 모은 뒤에 쓰는 것이 아니라 쓰고 나서 모으는 것이다. 돈은 쓸 줄 아는 사람에게 모이는 법이다.

☺ Point 43

돈은 '돈이 좋다'라고 말하는 사람을 찾아온다.

인생을 바꾸는 것은
돈으로 살 수 없는 것들이다

'돈으로 살 수 없는 것'이 인생을 바꾼다

10만 엔짜리 지갑이 있다고 하자. 당연하지만, 이 지갑은 10만 엔만 내면 누구라도 살 수가 있다. 레스토랑의 요리나 슈퍼마켓에서 파는 식재료도 마찬가지다. 1만 엔을 내면 1만 엔에 해당하는 음식을 먹을 수 있고, 5천 엔을 내면 그 가격대의 재료를 살 수 있다. 이처럼 모든 상품은 돈으로 살 수 있다.

하지만 세상에는 돈을 주고도 얻을 수 없는 것이 있다.

자격이나 업무 스킬, 커뮤니케이션 능력 등이 그렇다. 1백만 엔, 2백만 엔, 설사 1억 엔이 있다 해도 살 수 없다. 그렇게 생각하면 **결국 인생을 바꾸는 것은 돈으로 살 수 없는 것들이다.**

서점에 가면 요리부터 업무 스킬, 건강, 화술, 육아 등 온갖 분야의 책이 널려 있다. 하지만 책을 산다고 내용이 습득되는가 하면 그렇지 않다. 아무리 좋은 내용도 시간을 들여 읽고 실천을 통해 배울 수 있다.

구입한 책을 읽고 그 안의 스킬을 익혔다면, 그때는 책을 샀다기보다 자신에게 투자했다고 바꿔 말할 수 있다. 가령 배운 내용을 유튜브 등에서 누군가에게 가르쳐 좋은 평판을 얻으면 큰돈을 벌 수도 있다. **돈 주고 산 것을 돈으로 살 수 없는 것으로 변환해 자기 가치를 높여라.** 그러면 인생이 바뀐다.

개중에는 투자로 가려다 낭비로 끝나는 경우도 있다. 예를 들면 '공인회계사 시험, 그거 괜찮네. 한번 치러 보자' 하고 덤벼들었다가 '아이고, 안 되겠다!' 하고 도중에 그만두는 경우다. 이는 투자가 아니라 낭비다.

앞서 3장에서 투자 개념이라는 말을 했다. 50만 엔을 들여 학교에 들어갔는데 얼마나 공부하면 합격할 수 있을까? 들인 돈과 시간을 따지면 얼마 만에 회수할 수 있을지를 계산하는 것이 투자 개념이다.

대상에 따라 다르지만, 가령 공인회계사의 경우에는 '4년 노력해서 합격하지 못하면 그만두겠다. 손해가 나더라도 좋으니 거기까지만 하겠다' 하는 것이 '손절매'다. 무언가를 시작할 때 어느 시점에서 회수할 수 있을지, 당분간 지출이 이어질 것 같다면 어디까지 허용할지를 내다보고 가는 것이 투자다.

쉬운 예를 들면 멋있다는 이유로 고가의 셔츠를 사들인다면 낭비다. 하지만 영업 실적을 올리기 위한 이미지 관리용으로 고가의 셔츠를 산다면 그것은 투자가 된다. 단순히 소비할 목적으로 돈을 썼는지, 그 이상의 무언가를 얻으려고 돈을 썼는지가 차이점인 것이다.

돈을 어떻게 썼는지 살피고 거기서 배울 점을 찾아보자. **돈의 실패에서 배우는 사람은 투자가이며 배우지 못한 사람은 낭비자다.** 같은 돈을 쓰더라도 이 같은 관점이 있는지 없는지에 따라 인생은 크게 달라진다.

☺ Point 44

자격, 업무 스킬, 커뮤니케이션 능력 등은 1억 엔으로도 살 수 없다.
결국 인생을 바꾸는 것은 돈으로 살 수 없는 것들임을 명심하자.

성공하는 데 돈 버는 재주는
필요 없다

남이 안 할 때가 바로 기회다

"저는 돈 버는 재주가 없어요……." 창업 후 이런 말을 수십, 아니 수백 번 들었다. 그런데 애초에 재주 있는 사람은 그리 많지 않다.

야구 천재라는 이치로가 이런 말을 한 적이 있다. "노력하지 않고도 누구보다 잘할 수 있는 재능을 타고난 사람을 천재라고 부른다면 나는 천재가 아니다. 노력한 결과 누구보다 잘할 수 있는 사람을 천재라고 한다면, 나는 천재다."

세상에 재능을 타고난 천재가 극히 일부 존재하기는 한다. 하지만 **그들이 설령 천재라 해도 노력하지 않으면 아무것도 이룰 수 없다. 천재는 끊임없는 노력을 게을리하지 않고 즐겁게 해내기 때문에 그렇게 보이지 않을 뿐이다.**

예컨대 보통 사람은 의식적으로 책 100권을 읽기 위해 노력한다. 하지만 천재는 책 읽기가 즐거워서 읽다 보니 어느새 200권 읽는 식이다.

남들이 노력하지 않을 때 노력하는 자가
기회를 얻는다

타고날 때부터 재주를 갖춘 사람은 그리 많지 않다. 설령 있다 해도 그들이 재주를 꽃피우는 데는 노력이 필요하다는 말이다. 그리고 재주도 있고 빼어난 결과까지 내는 사람은 남이 노력하지 않는 시간에도 노력한다.

출퇴근 전철 안에서 남들이 스마트폰으로 게임이나 즐길 때 어학 공부를 한다. 일이 끝나고 동료들이 술집에서

수다 떨고 있을 때 세미나에 참석해 공부한다. 친구가 애인과 데이트할 때 목표로 삼는 인물을 만나러 간다…….

남이 놀 때가 바로 기회다. 재주가 없다, 학력이 달린다와 같은 콤플렉스는 지금 바로 쓰레기통에 버리자. 남이 하지 않을 때 쉬지 않고 노력하는 것이야말로 성공의 비결이다.

뭘 해도 실패하는 사람이
흔히 하는 착각

패자의 사고에 찌들면
궤도 수정이 어렵다

창업 후 나는 실로 많은 사람을 만났다. 숫자로 따지면 5만 명은 거뜬히 넘을 것이다. 그중에는 가끔 "내 인생은 실패뿐이다"라고 말하는 사람도 있었다. 그런 사람을 볼 때마다 이런 생각이 들었다. '아, 이 사람도 패자의 사고에 찌들어 있구나.'

패자의 사고란 무엇인가? 일단 패자의 방식으로 사고하는 사람은 리서치를 하지 않는다. 결과를 얻기 위해 얼마만큼의 시간, 돈, 노력이 필요한지 알아보지 않고 시작하는 것이다. 그래서 도중에 '이럴 생각이 아니었는데……' 하고 좌절해 버린다.

또 '이 길이다!'라고 한 번 정하면 궤도를 수정하려고 들지 않는다. 내 주변에도 '저 방법, 틀렸는데……' 싶은 생각이 드는 사람일수록 타인의 조언에는 귀를 닫는다. 마치 막무가내로 밀고 나가는 불도저처럼 자기 방식만 고집하는 사람이 있다.

승자는 행동하는 사람이다

'승자'의 방식으로 사고하는 사람은 무언가를 시작하기 전에 늘 리서치를 한다. 얼마만큼의 시간, 돈, 노력이 필요한지 조사한 뒤 시작한다. 자연히 '경쟁자가 적다'는 인식을 할 수 있어 이미 승자나 다름없다.

'○○이 되고 싶어 하는' 사람은 수없이 많아도 '○○이 되기 위해 행동으로 옮기는' 사람은 그 수만분의 1에 불과하기 때문이다. '승자의 사고'를 하는 사람은 실제 행동으로 옮기는 사람인 것이다.

공략법을 습득하여
쉼 없이 아웃풋을 내라

어릴 때 우주 비행사를 꿈꾼 사람이 많지만, 실제로 우주 비행사가 되기 위해 행동한 사람은 극소수다. 이런 사례를 봐도 쉽게 이해될 것이다. 그들은 리서치를 통해 얼마나 있어야 투자를 회수할 수 있을지 파악하고 나면 행동에만 집중하는 특징도 보인다.

뿐만 아니라 승자의 사고를 하는 사람은 성공하기 위한 공략 방법을 사전에 알아 둔다. 예를 들어 세일즈맨으로서 최고의 기록을 세우고 싶다면 화술이나 커뮤니케이션 방법에 관해 최소한의 지식을 쌓아 둘 것이다.

그런 다음 **성공할 때까지 쉼 없이 아웃풋을 낸다.** 그 과정에서 주변의 조언도 듣고, 스스로 부족한 부분을 연구하기도 하면서 궤도를 수정한다. 이렇게 행동을 할 수 있는 사람이야말로 승자가 될 수 있다.

— ☺ Point 46 —

'승자의 사고'를 하는 사람은 실제 행동으로 옮기는 사람이다.

남과 비교하는 순간,
이미 진 것이다

타인과 비교하는 일만큼
쓸데없는 짓도 없다

나를 찾아오는 사람 중에는 '주변 사람과 비교하고 괜스
레 위축되는 사람'도 많다. 특히 한 회사 안에서 동료가 자
신보다 일찍 출세하고 예전 직장 동료가 회사를 차려 크게
성공한 모습을 보고 부러워하거나 낙담하는 사람이 눈에
띈다. 그런데 내 생각은 이렇다.

'남과의 비교가 무슨 의미가 있나? 비교하려면 남이 아니

라 과거의 자신과 해야 하지 않나!'

다른 누군가와 비교할 시간이 있으면 '그저께보다 어제, 어제보다 오늘' 얼마큼 스스로 변화하고 발전했는지를 확인하는 것이 중요하다고 본다.

'그 사람과 나는 뭐가 다를까?'를 분석하라

내 이야기를 예로 들면 고등학교를 졸업하고 재수하면서도 '걔는 대학에 들어가서 좋겠다'라거나 '걔는 좋은 회사에 취직했는데 나는 재수나 하고 한심하다'고 생각해 본 적이 없다.

내가 다니던 학교에서 재수를 선택한 학생이 나밖에 없었거니와 남을 경쟁자라고 여기지도 않았기 때문이다. 또 당시 나는 '살면서 1~2년 늦는 게 뭐 어때? 나중에 따라가면 되지'라는 생각이 강했다.

공인회계사 시험도 첫 도전에서 실패했지만, '시작은 남보다 늦어도 합격하는 게 중요하지'라고 생각했다. 만약 잘

나가는 사람과 자신을 비교한 나머지 부러움과 자신에 대한 실망감에 휩싸여 있다면 다음과 같은 점을 따져 보라.

'그 사람은 어째서 잘 될까?'

'나와는 뭐가 다를까?'

둘 사이의 차이를 알아냈으면 종이에 일단 적어 본다. 그런 다음 차이를 메울 수 있는 실행 방법을 찾아보기 바란다.

이런 방법도 있다. A4 용지를 한 장 준비한다. 종이 한가운데 세로줄을 긋고 왼쪽 상단에 '현재', 오른쪽 상단에는 '이상'이라 적는다. 왼쪽에는 현재의 상태, 가령 '주 5일 근무, 월수입 50만 엔'이라고 적는다. 그리고 오른쪽에 자신이 꿈꾸는 '주 3일 자유롭게 일하고 월수입 1백만 엔'이라고 적는다.

그렇게 적어 놓고 수없이 자신의 망상을 바라보면 남과 비교하는 시선이 사라지고 오롯이 자신만을 바라볼 수 있다. 뿐만 아니라 어떻게 해야 자신의 꿈에 다가갈 수 있을지 구체적으로 생각하게 된다.

남과 비교하지 말고 과거의 자신과 현재의 자신을 비교하는 것, 그리고 현재의 자신과 자신의 이상을 비교하는 것이 중요하다.

─────── ☺ Point 47 ───────

다른 누군가와 비교하는 대신에 '어제보다 오늘' 얼마만큼
스스로 변화하고 발전했는지를 확인하자.

일류와 이류의
결정적인 차이

결과를 내는 사람이 일류,
현재에 만족하는 사람은 이류

싫은 일을 하지 않고 자신이 원하는 방향으로 인생을 바꾸려면 일류에게 배워야 한다. 그럼 일류와 이류의 차이는 무엇일까? 결론부터 말하면 **현재 결과를 내고 있는지 아닌지 하는 점이다.**

예를 들어 '회사를 차려 1억 엔을 버는 방법'이라는 세미나를 연봉 300만 엔을 버는 직장인이 개최한다면 아무도 수

강하려 들지 않을 것이다. 이는 공인회계사 시험에 관해 공인회계사도 아닌 사람에게 합격 비결을 배우는 것과 같다.

결과를 내더라도 그 시점이 언제인지도 중요하다. 일의 내용과 업종에 따라 시간 축은 다르겠지만, 결과를 낸 시기가 너무 오래전이면 아무런 의미가 없다. **결과를 낸 시기가 최근이어야 하고, 현역으로 활동 중인 사람이 일류다.**

가령 의사에게 암 수술을 받는다고 할 때, 아무리 명의였다 해도 정년 후 10년이 지난 의사에게 수술을 받으려는 사람은 없을 것이다. 그와 같은 이치다. 또 어떤 일을 하든 일류는 언제나 현재의 자리에 안주하지 않는다. 끊임없이 새로운 배움을 추구한다. '이제 충분하다'라고 만족해버리면 성장이 멈춘다는 것을 알기 때문이다.

일류를 만나기 위해서라면
과감히 돈을 써라

일을 배우기 위해 일류를 찾아다닐 때는 공짜를 바라서는 안 된다. 어떤 유명한 경영 컨설턴트는 컨설팅 비용으로 한 시간에 10만 엔을 받기도 한다. 비용만 들으면 비싸다고 생각할지 모르지만, 5천 엔짜리 이류 세미나 20회보다 10만 엔짜리 일류 세미나 한 번이 훨씬 큰 도움이 된다.

그러니 이왕 배우려면 일류에게 배워야 한다. 단, 훌륭한 업적을 낸 사람도 중요하지만, 자신과 궁합이 잘 맞는 사람을 골라야 한다는 점을 잊어서는 안 된다. 그렇게 하면 쓴 돈이 몇 배로 불어나 돌아올 것이다.

--- ☺ Point 48 ---

일류는 언제나 현재의 자리에 안주하지 않는다.

외모에 신경 쓰는 사람일수록
평생 수입이 많다

미국 심리학자 앨버트 메라비언(Albert Mehrabian, 1939~)이 발표한 이론 중에 '메라비언의 법칙'이라는 것이 있다. 상대방에 대한 인상이나 호감을 결정하는 데 미치는 영향이 언어 정보가 7퍼센트, 청각 정보가 38퍼센트, 시각 정보가 55퍼센트라는 연구 결과다.

이 결과는 사람은 상대방이 말한 이야기의 내용보다 그

사람의 분위기나 겉모습에 영향을 많이 받는다는 사실을 알려 준다. 그래서 그는 패션에 신경을 쓰는 사람이 그렇지 않은 사람보다 평생 수입이 3천만 엔 더 많다고 주장한다.

다시 말해 **내용도 물론 중요하지만 그에 못지않게, 아니 그 이상으로 겉모습을 꾸미는 것이 중요하다는 의미다.** 첫인상에서 상대에게 거부감을 주면, 나중에 아무리 좋은 이야기를 해도 귀 기울여 듣지 않는다.

수염, 손톱, 치아, 코털 등
작은 부분일수록 세심히 챙겨라

그렇다면 겉모습에서 가장 중요한 건 무엇일까? 바로 **'청결'이다.** 남성은 머리를 짧게 깎아 이마를 드러낸다. 그리고 깨끗이 세탁된 슈트나 셔츠로 항상 말쑥한 차림을 하도록 한다.

또 자칫 소홀히 하기 쉬운 털 관리를 놓치지 않아야 한다. 예를 들어 코털이 코 밖으로 삐져나와 있으면 아무리 좋은 옷을 입어도 여성의 눈에는 크게 거슬린다. 요즘 성능 좋은 코털 정리기가 많다. 외출하기 전에 꼭 거울 앞에서 확인하자. 그 밖의 수염, 손톱, 치아 등 작은 부분을 꼼꼼히 살피는 것이 좋다.

나는 수염이 많이 나는 편은 아니지만, 피부과에서 제모 시술을 꾸준히 받는다. 아침마다 면도하기 귀찮은 사람은 큰맘 먹고 시술을 받는 것도 좋은 선택이라고 생각한다.

또 남성도 네일 케어를 받아 나쁠 게 없다. 명함을 건네거나 바이어를 만날 때 등 손이 눈에 띌 일은 생각보다 많다. 이런 소소한 케어도 성공을 위한 필수 습관이다.

☺ Point 49

사람은 상대방이 말한 이야기의 내용보다 그 사람의 분위기나
겉모습에 영향을 많이 받는 법이다.

성공할 때까지 하니까
성공하는 것이다

마지막으로 내가 힘주어
말하고 싶은 것

드디어 마지막 항목이다. 이 책의 마무리로 나는 어떻게 성공할 수 있었는지, 그 궁극의 비결을 공개하려 한다. 한 마디로 정리하면 **'성공할 때까지 했기 때문'**이다.

대학 입시부터 공인회계사 시험, 창업 후 직장까지 모든 것은 포기하지 않고 계속했기 때문에 큰 성과를 얻을 수 있었다. 그중 하나라도 도중에 포기했다면 지금의 성공은 없었을 것이다.

'성공할 때까지 한다는 건 당연한 소리 아니냐?'고 묻는 사람도 있지만, 내가 경험한 바로는 그럴 수 있는 사람은 지극히 드물다. 쉬운 예를 들어보자. 그해 1월 1일에 세운 목표를 그해 연말에 기억하는 사람이 얼마나 될까? 또 그 목표를 이룬 사람은 얼마나 될까?

한 연구 결과에 따르면, 1월 1일에 목표를 세워 12월 31일까지 끊임없이 노력해 목표를 달성할 수 있는 사람은 약 5퍼센트에 불과하다고 한다. 나머지 90퍼센트는 자신이 세운 목표가 무엇인지 적어 놓은 메모를 보지 않으면 기억조차 못한다는 것이다.

습관의 힘을 믿자

'그래서 안 되는 거다'라는 말을 하려는 게 아니다. 앞서도 말했듯 인생은 이른바 탈락 게임이다. 자신이 남보다 뛰어나지 못해도 계속하고만 있으면 주변 사람이 알아서 떨어져 나간다. 그러니 탈락하지만 않으면 누구든 성공할 수 있다.

나는 사람들이 도중에 그만두는 이유가 **자신의 의지에 기대기 때문이라고 생각한다. 그래서 나를 믿지 않는다. 대신 습관을 믿는다.**

아침에 일어나 세수하고 면도하고 이를 닦고 옷을 갈아입는……. 이 일련의 동작을 매일 강한 의지로 하는 사람은 없을 것이다. 누구든 자연스럽게 한다. 그건 바로 '습관의 힘' 때문이다.

앞서 '최고의 하루'를 365일 루틴으로 만들어야 한다고 강조했다. 싫은 일을 하지 않고, 정말 하고 싶은 일을 하는 하루. 1년 중 단 하루라도 좋으니 최고의 하루를 만들어 보고 그 하루를 어떻게 보냈는지, 어떤 느낌이었는지를 가슴 깊이 기억하기 바란다.

물론 원하는 대로 되지 않을 수도 있다. 잘 안 되는 날이 길게 이어질 수도 있다. 하지만 절대 포기해서는 안 된다. 잘 안 되더라도 다음 날부터 다시 시작하면 된다. 성공의 포인트는 '성공할 때까지 하는 것'에 있다는 사실을 기억하자. 꾸준하게 노력하면 반드시 원하는 미래를 만나게 될 것이다.

옮긴이 정문주

한국외국어대학교 통번역대학원 졸업 후 한일 정부, 유엔 산하 단체, 기업 및 학술 관련 통역 현장에서 활약 중이다. 엔터스코리아에서 출판 기획 및 번역가로도 활동하고 있다. 주요 역서로는 《시골빵집에서 자본론을 굽다》, 《시간이 멈춘 방》, 《기억력을 5배 높이는 3분 기억술》, 《돈을 끌어당기는 생각 습관》 등 다수가 있다.

싫은 일은 죽어도 하지 마라

초판 1쇄 | 2020년 12월 28일

지은이 | 가나가와 아키노리
옮긴이 | 정문주

발행인 | 이상언
제작총괄 | 이정아
편집장 | 조한별
책임편집 | 김수나

표지·본문 디자인 | this-cover

발행처 | 중앙일보플러스(주)
주소 | (04513) 서울시 중구 서소문로 100(서소문동)
등록 | 2008년 1월 25일 제2014-000178호
문의 | (02) 2031-1123
원고투고 | jbooks@joongang.co.kr
홈페이지 | jbooks.joins.com
네이버포스트 | post.naver.com/joongangbooks
인스타그램 | @j__books

ISBN 978-89-278-1187-9 03190